阅读大中国·人物系列

民国人文温暖插画纪念版

张爱玲

她从海上来

[第二版]

艾嘉◎著

覃苗 艾嘉◎绘

石油工业出版社

图书在版编目（CIP）数据

张爱玲　她从海上来：民国人文温暖插画纪念版 / 艾嘉著；覃苗，艾嘉绘．—2 版．
北京：石油工业出版社，2016. 1
（阅读大中国．人物系列）
ISBN 978-7-5183-0951-1

Ⅰ．张…
Ⅱ．①艾…　②覃…
Ⅲ．随笔－作品集－中国－当代
Ⅳ．I267.1

中国版本图书馆 CIP 数据核字（2015）第 264455 号

张爱玲的文字
能伴随我们千载年月

出版发行：石油工业出版社
（北京定安门外安华里 2 区 1 号　100011）
网址：www.petropub.com
图书营销中心：（010）64523633　　编辑部：（010）64523558
经　　销：全国新华书店
印　　刷：北京中石油彩色印刷有限责任公司

2016 年 1 月第 2 版　2016 年 1 月第 8 次印刷
880 毫米 ×1230 毫米　开本：1/32　印张：10.625
字数：220 千字

定价：34.80 元
（如发现印装质量问题，我社图书营销中心负责调换）

那些关于张爱玲的年月

与张爱玲似乎有些渊源。小学三年级时，参加全市口头作文比赛，是课间时，被年级主任拉着去的教育局。糊里糊涂地坐车，糊里糊涂地到教育局，才糊里糊涂地知道自己为什么来。接着，仍然是茫然不知地抽签，打开一看，上面写着：谈你最喜欢的一部电影。

那天就是比赛。一切都是那么的突然。当我看着手中的题目时，脑海中白光闪现，足足停顿了五秒钟。那个年代，电影业惨淡经营，像我们这般小同学，所看的电影基本上都是学校组织看的爱国题材影片。逢年过节时在操场排队，然后喜庆得跟发压岁钱似的排着大队牵着小手来到电影院。其实，有些影片并不是特别适合那个年龄的孩子看。可就为了这看电影一路上的叽叽喳喳，就为了看看自己神秘的左邻右舍会坐着谁，以己度人，我想每个小孩子都是开心的。开心归开心，电影讲什么内容多半却不感兴趣。

因而，我才会一看到自己抽到的题目，瞬间的傻眼。那个时候，我真的是聪明，一看这个题目，就知道自己应该讲诸如《烛光里的妈妈》《焦裕禄》这类影片。无奈，我挖空心思回忆这些“红色影片”，都只是依稀的片段。脑海中，全是跟着爸爸妈妈蹭电影家协会内部放映的片子。

结果，那天，我开口讲了几天前与爸爸一同观看的美国电影《斯巴达克斯》。除了自己观看到的画面，还把爸爸在放映时灌输给我的一些思想全部一口气倒出来。回到学校，班主任一听我讲的是这部电影，惋惜中还带着点抱怨说：“你怎么选这部电影呢？”

反正自己是稀里糊涂地去，根本没抱什么目的。只求面对评委时，不要哑口无言。好在，稀里糊涂有时候是我的缺点，有时候却又能化险为夷。我常把心一横：管它的，好多事情就会迎刃而解。

那天也是，就那么十分钟的准备时间，紧张都得花掉五分钟，再拿三分钟排解紧张，最后只剩两分钟的时间准备。台上黑压压地坐着十几个评委，我手指头紧张得都撑不开了，却是两眼一闭地想：管它的，只要说得出话来就行。

过了几周，评比结果下来，真是万万没想到，我居然得了三等奖。连爸爸听了我选择《斯巴达克斯》，心里赞赏之余，还是有些替我遗憾。大家都觉得一个三年级的孩子，谈一部好多大人都没有看过的影片，实在是不讨巧。不要忘了，那可是物资匮乏的20世纪80年代末。就连思想，也相对闭塞。

再看看所发的奖品：十本一套的中外名著缩写本。我现在仍然记得有苏联的《白比姆黑耳朵》，印象十分深刻的还有《金锁记》。那可是连1990年都没有进入的年代，居然有人选择《金锁记》出版，并被组委会选择作为发给小学生的奖品。就连爸爸，拿到我的奖品，脸上表情都微微一震，觉得主办方不仅眼光独到，还有些大胆。或许他心里说：也正因为有这样的人，才会选择《金锁记》作为奖品，也才能理解一个小孩子口中的《斯巴达克斯》。

今天，回想起这件事，真的觉得要好好地感谢一下那个出版社，还得感谢挑选奖品的老师。

那就是我第一次知道张爱玲的名字。

第一次读《金锁记》，完全是与自己所读过的书不一样的感受和体验。“石破天惊”、“惊为天人”这样的词语，我觉得就是拿来形容这样的事情的。从此，一发不可收拾地爱上张爱玲。可惜，当时能找到的张爱玲的小说，就只有这么一部。

一直到初中，我才陆续在云岩路上的几个别致的小书店，找到张爱玲的其他作品。那时，已经是20世纪90年代，思想的活跃也带来出版界的春天，当时留给我的印象就是三五步就能看到一个书店。而报刊亭周围永远都围着一大圈品读新书的人。

对张爱玲的狂热，一直体现在我各个成长时期。大学毕业时的学士论文，选了张爱玲。工作后，即便手上有N多事务做不完，即便晚上不睡觉，也毅然决然地要写关于张爱玲的这本传记。

就连旅行，也是对香港、上海更喜爱。

因为她，喜欢各种鲜亮的颜色，喜欢各种铿锵有力的字眼，觉得汉字都带着色彩，钢琴的键盘就是黑白小精灵在跳舞。甚至少女时期的矫情，都在模仿张爱玲书中的人物。

后来跑到重庆读书，坐着公共汽车从山路一路下来，重庆人都是烈性子，每每到悬崖尽头车身才猛地一拐，让我心脏骤停的瞬间，又见柳暗花明。而路上枝头高悬的艳丽的大红泡桐花，在我失意落泪时，给我带来的全是勇气和力量。在朝天门，我立在那里看两江交汇，听轮船繁忙的汽笛声，心潮澎湃。回学校时，又是一个急性子的司机把我从座位的左边甩到右边。还有重庆两岸的灯火，步行街的闹市，嘈杂的人群。我能从重庆的这些忙碌、喧腾中，感受到我需要的暖意。拥挤在这样的城市，我不会觉得寂寞。

后来，在重庆待久了，人也长大一点。慢慢地，我能领略周末的清晨，从菜市场捧回一把马蹄莲的那种清爽。也能和好朋友一起坐在路边，吃一块钱一份的炸土豆，尽情地消磨时光。为了写论文，比当地人还熟稔地穿梭于市内各个图书馆。

在重庆的这段求学时光，案头陪伴我的仍然是张爱玲的图书。虽然已经熟悉得不用再看。但是我总是不停地从图书馆里续借。看着它们，就觉得心安。或许，仅仅因为她，与我熟悉的、温暖的、在父母身边生活的那些美好的日子，有着一丝丝的联系。

直到我北上到京城，工作之余写下这本书。我发现，张爱玲在我心中已经没有那份不食人间烟火的高高在上斜睨世间百相的姿态，相反，我喜爱她，更多的是因为她文字中对生活的热爱，对生活的好奇和探究。只有对生活充满喜爱的人，才会充分、敏锐地去捕捉生活的不同状态，而落笔下来，美的东西让读者体会到与自己先前感受不同的美感；不美的，也让读者能从中发现悲悯，感受到美的力量。

这是怎样了不起的一个作家的状态？

直到今天，我仍然满心欢喜地读张爱玲的作品。感受她作品中，那些有力的字眼，那些婉妙的颜色。体验她笔下，传奇的香港和有“东方巴黎”之称的上海。与范柳原谈恋爱，为葛薇龙扼腕叹息。感受主人公百转千回的感情以及不彻底的性格悲剧。

同时张爱玲的作品还是一部女性时尚指南。《色戒》里面主人公每一次亮相的旗袍都让人忍不住喝彩，就连《花样年华》中张曼玉妙曼的旗袍身影，那些美轮美奂的旗袍图案，还原的也是一个梦幻般的张爱玲式的旧上海。找不到好看的颜色那就看张爱玲的作品，字里行间跳出来的“珠灰”“桃红”“湖青”完全就是一幅幅色彩美艳的图画；要想寻最新的旗袍款式也可以翻看张爱玲的作品。不是说时尚就是五十年一个轮回吗？张爱玲小姐的文字恰好每次都在时尚的前沿。如果你还想领略老上海大户人家的陈列装饰，也请看张爱玲的作品。从中你能发现好多古玩市场上都不见踪影的精巧器皿，你能发现就连屏风都那么别致独特。不说别的，看看作品中那些女孩子的妆容，口红的颜色、指甲的颜色，不都是现在最流行的么？

买一把桃花赛璐璐梳，脚上蹬着一双带着桃花艳香味的锦缎花样绣鞋，涂上丹霞的唇膏，看霞飞路上美丽的橱窗，坐在犹太人的茶店里品着热带丛林一般的绿茶，一会儿还要去买香肠卷和小蛋糕，路上顺带在虹口捎回两段或素雅或艳丽的和风织布。这就是张爱玲生活的一个侧面，也是光色旧上海的一个棱角。

张爱玲的作品赋予我们的除了让人难以忘怀的

旧上海，还有那让人沉醉的男女情爱。我从小一开始读张爱玲的小说，就是当作言情小说来读的，看到的全是书里面男女的爱情。就连《金锁记》，也在为曹七巧最后一次错失三少爷而遗憾。尽管张爱玲的作品表现出来的是更深刻更复杂的社会性、人性，但我想，张爱玲本身或许也很高兴有人把她的作品当成言情小说来读，成为街头小报和鸳鸯蝴蝶派，这样的理解，应该比意识形态的刻意拔高更让她欣喜和自鸣。

种种对张爱玲的解读，使得我一如既往地像十几年前那样热爱她。随着时日更新，再读张爱玲的文章，每每都能从中发现新意。或许张爱玲的文字，就有这样的魔力，能伴随着我们千载的年月。

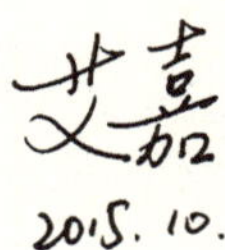

目录

张爱玲 她从海上来

传奇与现实的镜花缘

爱恨迟迟

天津的依恋，上海的决裂

人生就是一场华丽缘

两个人的56年

这个男人不能爱

那一抹别样的颜色

咖啡底都是苦的

倾城之恋的香港

传奇与现实的镜花缘

退到哪里，都是江湖。

李菊耦的小姐楼

到南京寻史，夫子庙是给外地人看的，乌衣巷是小商贩的幌子，搅和着混沌的秦淮河是拿来给人不正经地遥想秦淮两岸当年的声色的。虽然这六朝古都已走了样，但它仍然有很多故事深藏在浓郁怀旧的磁场下。

在南京江苏海事学院内，就有这么一处老宅。

老宅子名叫“小姐楼”，是当年这个院落建筑群三座小楼中唯一幸存的一座。主体结构是用赫红色砖头砌成，方正平稳，两层而建，四周绕有青砖回廊。掩映在绿树丛荫里，典雅中又带着威严。

这座宅子是李鸿章的女儿女婿在南京的住宅。

当年，李鸿章让自己不得志的女婿——张佩纶带着女儿——李菊耦，移家南京，偏居一隅。或许，远离是非，不问世事，在李鸿章看来正是对那个已被朝廷冷落的姑爷最好的体贴。

谁都没有想到权重一时的李鸿章会把心爱的女儿许配给一个相

差 19 岁、此前还娶过两任妻室、留有两个男孩的兵败被贬之人。

1888 年，娶李鸿章的大女儿李菊耦时，张佩纶 40 岁。正是潦倒之时。

光荣的起点与灰暗的转身

遗传有着隐秘的力量，潜伏在我们生命中的枝节细末处，总会在不经意间让我们发现一点巧合。就像张爱玲说的“遗传就是这样神秘飘忽”，似乎这个家族成员都有一支生花妙笔。

1943 年，张爱玲在上海发表了包括“我们文坛最美的收获之一”——《金锁记》在内的一系列力作，一刹那间轰动上海滩。1871 年，她的祖父——张佩纶，名列进士榜第二十四位，次年进入翰林院。1845—1846 年，她的曾外祖父——李鸿章，在初次会试落榜后即以“年家子”的身份投帖拜在湖南大儒曾国藩门下，学习经世之学。次年，李鸿章考中丁未科二甲第十三名进士。

而这些只是一个光荣的起点。1876 年，28 岁的张佩纶因表现优异，官至侍讲，署左副都御使，也就是拥有了可以单独上书的权利。言官生涯的九年里，他评议朝政、弹劾污吏，用文字指点江山，意气风发，好不得意。也正因为“直声”，他成为朝廷红人。后来，一疏上闻，四方传诵，成为一股强大的政治势力。连平日张佩纶爱穿的竹布长衫，都被大家竞相模仿，成为时尚。

清末四大谴责小说之一的《孽海花》里面，很真实地再现了张佩纶当年的“盛况”。

上头竟说一句听一句起来，半年间那一个笔头上，不知被他拔掉了多少红顶儿。满朝人人侧目，他到处屁也不敢放一个。……人家愈怕，仑樵[1]却愈得意，米也不愁没了，钱也不愁少了，车马衣服也华丽了，房屋也换了高大的了，正是堂上一呼，堂下百诺；气焰熏天，公卿倒屣；门前车马，早晚填塞。

张佩纶靠着一支笔杆子，成为当时清廷“清流党”的重要人物。

明清两朝很流行清流之说，看着忠直、刚正不阿，打着“为了国家”的旗号，把看着不顺眼的事和人，拿来说一番事。这里面肯定不乏用心纯粹的人。但是，也有不少人，在我看来，不过是为官为政的另外一种姿态。

但张佩纶的确是因为忠直而得到朝廷的重用。他在总理各国事务衙门行走时，“内则不避权要，外则论议锋厉，满朝侧目。”当时的美国驻华大使杨约翰曾对人说：“在华所见大臣，忠清无气习者惟佩纶一人。”

---

❶ 即张佩纶。

适逢法国侵略越南，觊觎我国南部，张佩纶连上书数十篇，力主抗法。当时与宝廷、黄体芳和何金寿为“四谏”成员。这正是清流一派的鼎盛时期，他们作为清流中负气敢谏的人物名噪一时。这几个中坚力量，都以文学侍从之臣而得以重用，成为手握重权的钦差。

然而，当他被派往福建会办海疆事务时，当他意气风发想在福建办出个样子时，他的人生，他亮丽明媚的前半生，灰暗地转身了。是不是人都不能太顺？否则物极必反？

我们不能把《孽海花》当作考据来读，毕竟曾朴像一切名士派的文人一样醉心于制造佳话。但张佩纶宦海沉浮、大起大落，时运乖蹇，经过文学的渲染，的确就是一部传奇。

1884年，张佩纶来到福建。当时法军早已虎视眈眈，就等着打这一仗。而清朝水师实在是没有几斤几两，我们从小学近代史，都知道，一到打水战，都是惨败的结局。好不容易出了个丁汝昌，也只是一个爱国主义的红色典型，其实还是一个惨烈的例子。所以说，张佩纶，一个从来没有受过军事训练的文弱书生，会办海疆，稍微清醒理智一点的人都知道，赢的概率有多小。

他自己也打算先到那里了解情况，然后奏明朝廷时局与自己的实力并不匹配。如果能被召回，那敢情好。如果朝廷不改初衷，那自己就“设辞弃病”。然而，人生有很多事情总在不经意间被命运之手牵引到另一条道上。有时候，就是那么一下子的改变，可能你会错过一个人，可能你会错过某件事，更有时候，你的人生会大抄底，全盘皆错。

一到福建，张佩纶就改变了想法。他慷慨陈词，心雄万夫，殚精竭虑，废寝忘食，甚至进驻战争最前沿马尾船政局。不知道是什么原因让他突然改变了初衷，由一个手无寸铁的书生，变成激昂万千的将士。

其实他自己也知道这一仗完全没有把握，在他给侄子张人俊的信中，满纸凄苦悲凉，对这场战争他哪有什么把握。所以，我真的很佩服他。他放弃了庸俗自私的虚与委蛇、自我保全，豪迈立于信仰的巅峰。明知不可为也要为之，壮怀激烈，满腔悲壮。

这样的纵情一搏，这样慷慨激昂的情怀，成全的是一个男人的雄心，一个叱咤风云、策马扬鞭、响当当的男人梦想。

然而这是一场输定了的战争。这一年的七月，法军在大风雨中出兵，让全无防范的清军措手不及，加上兵器陈旧，“所部五营溃，其三营歼焉。”

有一个笑话是说，溃败后的统帅张佩纶，临阵脱逃，逃亡路途还不忘啃猪脚。时人以联戏曰：“三钱鸦片，死有余辜。半个猪蹄，别来无恙。”其实，人生本来就有很多面，平时展现出来的都是拿得上台面的，但在突发事件临阵关头，有时候可能就有些走样。有时候人倒是因为不完美，而变得生动。

这个人，因为有着这些缺陷，不再是高高在上的画中人物。或许，人也应该学得平和一些，学会理解每一种状况。

当然，这个男人毕竟还是做错了。不仅丢兵弃甲，还让洋务派苦心经营的马尾船厂毁于一旦。这场著名的“马江之战”使张佩纶一番建功立业的雄心成为话柄。他遭到朝野上下的齐声谴责，朝廷很快问罪下来，革职流放到黑龙江热河。

东床快婿的不快乐

就是这样一个政治生涯似乎已经走到头的人，却被李鸿章选为东床快婿。李鸿章为什么会选张佩纶，是因为政治原因？想做一个高姿态，不计前嫌，博取佳话？张佩纶曾经参过李鸿章骄奢罔上之罪。还是想网罗人才，真正器重他的才干？从李鸿章对朋友的言语中可见一斑："幼樵以北学大师，作东方赘婿……老年得此，深惬素怀。"

这个曾经激扬文字、指点江山的人，投于李鸿章门下。李鸿章在天津时，张佩伦就一直随他在幕中。但这个明知打不过法军还慷慨请战，内心激扬澎湃的人，真的能扮演好他幕僚的角色吗？毕竟他们一清一浊，在政治上本来就存在分歧。

1900年，李鸿章与八国联军各国代表谈判，因在对俄国的态度上与李鸿章意见不合，这个慷慨言事的书生拂袖而去。

同时他发现，虽然很多事情，李鸿章会咨询他的意见，但是真正采纳的很少。作为一个男人，这才是让人挫败的。除了李鸿章，李家人喜欢他的本来就不多。这种不喜欢可能都是从李夫人那里传

递出来的。当时，张佩纶与李菊耦结婚前，李鸿章的老婆就不同意，不依不饶、大哭大闹一场。李鸿章本来就是一个惧内之人，要不是李菊耦“慧眼识英雄”，表态“爹爹选的总不会错”，这桩姻缘也不会成。

在这样的环境下，一个男人是多么压抑。事业上没有抱负，生活中又寄人篱下。

这样的尴尬，才使得他居然会在李鸿章七十大寿的晚宴上，选择沉默。在那个阖府欢庆的夜晚，就连宫里都派人来贺寿，皇上和太后送来匾额贺礼。这个男人却在自己房间里，与李菊耦下了一天的棋。看似不把一切放在眼里，强硬是做给别人看的，其实却是一个男人受伤的内心。

1894 年 7 月，中、日在朝鲜交战，李鸿章过继的长子李经方主和，而张佩纶主战。这个大舅子李经方居然托人在皇上那里参张佩纶“干预公事，不安本分”。

朝廷下的判决是要张佩纶立即搬出李家，不许逗留。李鸿章上折辩护无效。

你会怎么看李鸿章

原本我对李鸿章没有什么特殊感情，但当看了他对很多事情的态度、处理方式之后，觉得这个权倾一时、不可一世的人很多时候仅仅就是一个父亲、一个长辈。而代表大清帝国签订的那些侮辱性的条约，实在是由不得他。说他“丧权辱国”，也太放大一个人的力量。

他赴英国访问，把对方所赠名犬宰而烹之，还写函“所赏珍味，感欣得沾奇珍，朵颐有幸”，一时传为笑柄。可我总觉得这是一个老人对无奈时局的应对。

1895 年，他与日本首相伊藤博文签订《马关条约》，次年，要赴俄国贺俄沙皇加冕并签订《中俄密约》。他与李经方坐船到日本换船，日方早在岸上为他准备了行馆，但他拒不上岸，夜宿船中，“誓终身不复履日地”。第二天，换乘的船驶来，需要先坐小船衔接，他得知小船是日方船，仍拒不登船。后来日方只好在两船间架一飞梁，他才登梁换船，驶去俄国。这一年，他正好 72 岁。

李鸿章官至文华殿大学士，在朝四十余年，无一日不在要津。1901 年 7 月，李鸿章与联军签订了此生最后一次乞和条约。他曾

对邮传部尚书盛宣怀说：“和约定，我必死。”9 月 7 日，他逝于北京贤良寺寓所。最后一次签订丧权辱国的条约，他以 78 岁高龄抱着必死的心情前往，其生命中背负的沉痛能不能得到芸芸众生的了解和谅解？

《孽海花》里面曾写道在威毅伯（即李鸿章）的卧房里，庄仑樵（即张佩纶）瞥见桌上一卷署着“祖玄女史弄笔”的诗稿，其中两首议论中法战争的七律，最后一句是“功罪千秋付史评”。庄仑樵当下“不觉两股热泪骨碌碌地落了下来”。

我觉得这末一句“功罪千秋付史评”用在李鸿章的身上也不无贴切。

我写人，总归会喜爱上这个人。不知道这是幸还是不幸。喜爱，才能感同身受。喜爱，也会带来落笔的厚道，或许会使人觉得经纬不明。

再说张佩纶。连李鸿章上折为他辩护都无效时，他只好离开。带着老婆去了南京，从此称病不出，绝足官场。

空把凌云志，化作赏月心

张爱玲《对照记》中收有几张她祖父祖母的照片。其中一张是她祖母 18 岁时与其母的合影。老夫人脸部线条生硬，带着大家族的那么点冷酷和严肃。身后站立的女儿隐着笑，满脸都是 18 岁少女的娇羞和憨态。还有一张祖父祖母婚后的合影。

显然是我姑姑剪贴成为夫妇合影。各坐茶几一边，茶几一分为二，中隔一道空白。祖父这边是照相馆的布景，模糊的风景。祖母那边的背景是雕花排门，想是自己家里。

这张合影中，李菊耦就有点中年相。虽然发福，但脸部线条还是和谐。手握书一卷，或许只是摆拍，但还是传达了一种平心静气、雍容安宁的境况。她的最后一张照片是寡居之后与儿女的合影，一看，就觉得紧巴巴的，不只是表情，就连内心也应该是紧巴巴的。

李菊耦使用得最得力的一个女仆，后来带小时候的张爱玲。张爱玲叫她讲点祖母的事情来听。

她想了半天方道："老太太那张总是想方（法）省草纸。"

……

我觉得大煞风景，但是也可以想象我祖母孀居后坐吃山空的恐惧。就没想到不等到坐吃山空。命运就是这样防不胜防，她的防御又这样微弱可怜。

孤儿寡母，不能不设防。但防不胜防的是，她从娘家带来的那份丰厚的嫁妆，在自己儿子、女儿那一代，终于挥霍一空。就算是她的女儿——张爱玲的姑姑，虽然也是一个自食其力的新女性，但是，一辈子都逃脱不了变卖家产的惯性。

《孽海花》里面把张佩纶和李菊耦的婚姻，渲染成一段才子佳人的鸳鸯蝴蝶般情话。

不过，从张佩纶婚后的日记来看，他们的确享受了一段"诗酒唱随，百般恩爱"的幸福日子。

雨中与菊耦闲谈，日思塞上急雹枯坐时不禁怃然。（一八八九年六月初八日）

合肥宴客以家酿与余、菊耦小酌，月影清圆，花香摇曳，酒亦微醺矣。（一八九〇年元月十六日）

菊耦小有不适，煮药，煮茶，赌，读画，聊以遣兴。（一八九〇年二月初五日）

菊耦蓄荷叶上露珠一瓮，以洞庭湖雨煎之，叶香名色汤法露英四美具矣。兰骈馆小坐，隧至夕照衔山时，管书未及校注也。（一八九一年六月二十二日）

此情此景让人想起李清照和赵明诚的“翻书赌茶”，真如神仙美眷一般。

《孽海花》这样描述李菊耦：

貌比威、施，才同班、左，贤如鲍、孟，巧夺灵、芸。

虽然张爱玲的姑姑说：

爷爷奶奶唱和的诗集都是爷爷作的。奶奶就只有一首集句是她自己作的：四十明朝过，犹为世网萦。蹉跎暮容色，煊赫旧家声。

我想李菊耦的好，不仅在于她的贤惠和才情。李鸿章一直把她留于身边代看公文，耳濡目染，她肯定不是一个大门不出、二门不迈、思想局限的老小姐。长年在父亲身边，加上自己聪慧，李菊耦深谙政治运作的秘密。

她在给父亲的家信中曾提到盛宣怀与两江总督刘坤一、湖广总督张之洞之间勾结串通。还指出张之洞在内部讨论求和方案时常常空发高论。

明知事甚棘手，即竭其才智，岂能办到好处？无非巧为播弄，以见其心思精密，高出全权[1]之上，落得置身事外，以大言结主，知收清议而已。

❶ 指全权大臣奕䜣、李鸿章。

有其父必有其女。

也只有这样的一个女人，才能和大才子张佩纶一起唱和。她不仅能温柔地吟诗煮茶读画，或许还能一双慧眼洞察这个男人的内心。她在细微琐碎的日常生活里，正试图一点一滴地温暖他的内心。在这个男人失落的世界里面，李菊耦是他唯一的安慰。

南京的这座宅子，当年花木繁盛，幽静雅致。张爱玲在《对照记》里面说："我姑姑对于过去就只留恋那园子。她记得一听说桃花或是杏花开了，她母亲就扶着女佣的肩膀去看。"

简短的一句话，却让人浮想联翩。想着在桃红杏白的春天，李菊耦尖着小脚扶着女佣的肩膀，嫣然百媚地走在弯曲深幽的小径上。那时，她是那么的快乐自得。不仅有一双儿女，还有美满的婚姻。夫妻伉俪，感情尤笃，吟咏之乐，甚于画眉。这样的园子，这样的女人，真让人觉得幸福。现世安稳，夫复何求？

张佩纶和李菊耦还合写过食谱和武侠小说。虽然在张爱玲看来食谱乏善可陈，武侠小说"沉闷得连我都看不下去"。但在旧式婚姻里，能这样"你敬我爱"、琴瑟相知，实属难得。

孑然孤立，一无倚著

可是，我终究觉得张佩纶并没有在这段美满姻缘中快乐起来。这个当年叱咤风云的男人，真的甘心离群索居，退于自己的园子里“诗酒风流”吗？

或许这个男人本应该以事业为生命，完美的家庭生活只是艳丽的点缀，可是却不得不在自己的园子里关门做太爷。这个男人的心里，一定是痛的。

曾几何时，清流一派被人喻为“青牛”时，张之洞与张佩纶分列为“青牛”的两只牛角。两人平起平坐，风光得意。没想到事隔二十年，张之洞代理两江总督，驻节南京。而张佩纶却宦海潦倒，退居南京。

两人在张佩纶的宅子里，见面了。这次会面日后张之洞是这样回忆的：“就谈身世，君累郗不已。”

杜甫曾经写过：“同学少年多不贱，五陵衣马自轻肥。”似乎可以用在二张的会面上。这次会面是残忍的。一个对照了对方的飞黄腾达，一个对照了对方的落魄寂寥。

《对照记》中只有一张张佩纶的照片。从年龄推断，应该是南京时期所拍。照片上的人似乎很茫然，郁郁寡欢。他曾叹自己“孑然孤立，一无倚著，清流以为淮戚而疏亡，淮戚又以清流而远之，清流不成清流，淮戚不成淮戚”。在他惨淡的后半部政治生涯中，他始终没有找到自己的位置。只能在湍急的历史长河中，任自己的命运触礁而沉沦。白白空有一腔抱负，却只能在自己的庭院里看着巴掌大的天。

其实远离政治中心的张佩纶依然关心着政治。张佩纶曾作二千余字长信反对李鸿章去日本签订《马关条约》。作为政治上的失意者，他熟悉官场的世态炎凉；作为女婿，他更关注此事对李鸿章的历史影响，所以引曾国藩处理天津教案之例进行比较：

曾文正于丰大业一案所云：内疚神明，外惭清议。今之倭约，视法约何如？非设法自救，即疚惭不能解，而况不疚不惭？蒉恐续假

哗然，销假哗然，回任更哗然，将终其身为天下哗然之一人耳。此数纸，蒉中夜推枕濡泪写之，非惟有泪，亦恐有血；非惟蒉之血，亦有鞠藕之血；非惟蒉夫妇之血，亦恐有普天下志士仁人之血。希公审察之，毋自误也。

这几句话一针见血，写得极为沉痛。每一句都铿锵有力，激情澎湃。

这是这个男人晚年最后一次“直声”。虽然李鸿章也知道，日本之行必使自己一生名节毁灭。似乎与以前一样，张佩纶的言论仍然不能影响李鸿章。其实不是不能影响李鸿章，而是在残酷的历史面前个人实在渺小。

在李鸿章心力交瘁去世后，张佩纶更加纵酒。

1901 年李菊耦失去父亲李鸿章，1902 年失去兄弟，1903 年失去丈夫张佩纶。1912 年李菊耦因肺疾在上海去世。留下一个儿子 16 岁，一个女儿 11 岁。

爱恨迟迟

1930 年末叶黄素琼在海船上。

黄素琼喜欢身子略往前倾的姿势，眼睛看起人来不知道是不是有近视，总是一往情深似地瞄着人。

张爱玲这样形容她的母亲：“她的衣服是秋天的落叶的淡赭，肩上垂着淡赭的花球，永远有飘堕的姿势。”

人生若只如初见

提到张爱玲的上海，总让人联想起百乐门、霞飞路上的国泰电影院、逸园跑狗场、南京路上的飞达咖啡馆、伟达饭店、朵云轩、爱斯头、桃花赛璐璐梳、绿豆糕，还有那“克林克赖”的电车铃声。

《沉香屑：第一炉香》开头就这么写：

请你寻出家传的霉绿斑驳的铜香炉，点上一炉沉香屑……您这一炉沉香屑点完了，我的故事也该完了。

如果说，在沉香屑撩鼻、古旧的青烟中听第二次世界大战前香港的故事，那么今天我说的这个故事应该就着咖啡听！

请您随便在哪个街角一拐，拈个咖啡店坐下来，点一杯清咖啡。随着杯中热气袅袅升起，让我说一段20世纪20年代上海的故事。只是，这个故事与咖啡一样，有点苦。

拨开历史的尘埃，穿梭于时光的流年，回到1915年。

19岁的张御史的少爷——张志沂、黄军门的小姐——黄素琼，喜结良缘。两人门当户对，男才女貌，是人人称羡的一对金童玉女。

五年后，1920年9月，生下大女儿——张爱玲。次年12月，生下儿子——张子静。

仅看表面，这完全可以称为“幸福的一家子”。但当时代的车轮滚滚向前时，渺小的家庭和个人，在急剧变革的时代，在各种思想的突变中，打破了原有的一成不变的惯性，或一厢情愿或心有不甘地走上各自的命运。

正如张爱玲所说：

个人即使等得及，时代是仓促的，已经在破坏中，还有更大的破坏要来。

当时，张志沂一家，一直与他二哥同过。这位张爱玲称为二伯父的男子，是她祖父张佩纶的第一任妻子所生。整整大张志沂17岁。

长兄如父。在封建家庭中，这是一条不变的定律。何况，他们的父亲母亲早逝，张志沂和同父母的妹妹张茂渊一直跟着哥哥嫂子过日子。连他们母亲李菊耦去世后所分财产，也由哥嫂保管。

《对照记》里面有一张兄妹三人的合影。用张爱玲的话来说："这哪像什么兄妹，简直像父子仨。"

张志沂的二哥不苟言笑、圆头圆脑、壮实严肃。而张志沂长瘦清癯、生性风流。风流倒不见得就是作风不好的代名词，而是这位从小饱读诗书，又通英文的旧式才子的书生意气。这样的人，在兄长名下求生活，自然拘谨难挨。

张志沂一直找不到借口分家，搬出去过小家庭的生活。后来，他托在北洋政府做交通部总长的堂房伯父引荐，终于在津浦铁路局谋了个差事——英文秘书。就这样，张志沂顺理成章地分了家。

1923 年，张志沂举家，带着自己的妹妹，由上海搬到天津。

还有更大的破坏要来

这是五四运动之后的中国，西方思想在晚清尤其甲午战争之后大量传入并影响年轻一族，这场声势浩大的新文化运动，使遗老遗少安逸、舒缓、陈旧的传统生活方式受到致命的打击。

现世乱得一派热闹。南边在北伐，象征礼乐王纲封建中国的最后一位皇帝溥仪就要被冯玉祥的大炮轰出紫禁城了。这边，在上海法租界贝勒路树德里 3 号，中国共产党第一次全国代表大会即将召开。

天下大乱。新的变革、新的制度、新的思想，与旧的世界冲撞、对抗。张公馆还能“重门深掩，帘幕低垂”吗？

到了天津，张志沂信马由缰、自由放荡、难以收心。这是在长兄的严治下的过度反弹，也是这些仰赖祖上余荫的旧式家族满清遗少的思想境界。他们不自力更生，反而以出外谋生为耻。

百足之虫死而不僵，旧制度的分崩离析一时还没有打破日常生活的平静，这些早先的望族表面上仍然可以维持往昔的生活格局，阔绰的排场、优渥的物质生活、对富贵奢侈的攀比追求。

张爱玲对小时候在天津的记忆是“橙红色的岁月”。家是一栋带花园的大房子，有汽车有司机，佣人一大帮，张爱玲和弟弟都有专属的保姆带。

父母融洽、家庭富足，这样的童年是快乐的。被唤作“疤丫丫”的丫头和她在院里玩。疤丫丫秋千荡到最高处，忽地翻了过去，很好玩。后院天井处养着鸡，夏天的中午，穿着白底小红桃纱短衫、大红裤子，坐在小板凳上，喝完满满一小碗淡绿色、涩而微甜的六一散，一边翻看一边念着谜语儿歌：

小小狗，走一步，咬一口。

与弟弟在一起的游戏，更是开心快乐。

一同玩的时候，总是我出主意。我们是“金家庄”上能征惯战的骁将，我叫月红，他叫杏红，我使一口宝剑，他使两只铜锤，还有许许多多虚拟的伙伴。开幕的时候永远是黄昏，金大妈在公众的厨房里咚咚切菜，大家饱餐战饭，趁着月色翻过山头去攻打蛮人。路上偶尔杀两头老虎，劫得老虎蛋，那是巴斗大的锦毛毬，剖开来像白煮鸡蛋，可是蛋黄是圆的。我弟弟常常不听我的调派，因而争吵起来。他是“既不能命，又不受令”的，然而他实在是秀美可爱，有时候我也让他编个故事：一个旅行的人为老虎追赶着，赶着，赶着，泼风似的跑，后头呜呜赶着……没等他说完，我已经笑倒了，在他的腮上吻一下，把他当个小玩意。

所幸张爱玲把这一切都记录在《私语》里，使我们能看到一个活泼开朗、充满童趣的小女孩，且生活得幸福愉快。看到这样一个快乐可爱、脸肉嘟嘟的、聪明伶俐的小女孩，日后却要遭受种种磨难，以及后来形成越来越孤绝的性格，真让人心疼。环境、社会，特别是父母、家庭，对一个孩子的心理成长至关重要。每个小孩子生下来都是快乐的天使，可是却要被生活磨砺，被自己父母或好或不好的个性影响，成人后，如果不快乐、不幸福，真是父母的罪过。

可惜，在这样的暖色里，母亲却要走了。

张志沂到天津后，结识一帮酒肉朋友，染上遗老遗少间的不良风气——养姨太太、吸大烟、逛窑子、赌钱。

一个传统的旧式妻子对旧式男人的这些不良风气，虽心不情愿，却只能容忍不置一词。但是，黄军门的小姐——黄素琼，对丈夫的堕落却不能容忍。

这个湖南女子勇敢地反对自己的丈夫，言辞激烈。而张志沂虽然以新派人物自居，观念上，却还是传统老爷作风，哪受得了为妻的“指手画脚”。两个人之间的矛盾日益激化。

当争吵不管用时，黄素琼选择了出国离家。

照张子静的回忆来说：

我姑姑也是新派女性，站在我母亲这一边。后来发现两个女人的发言对一个男人并不产生效力，她们就相偕离家出走以示抗议——名义上好听一点，是说出国留学。

这个抗议里面，还有逃离。

张府里沉闷的鸦片烟味，是不适合这个果敢、坚决的女性的。

作为母亲，黄素琼失败了

1924年，黄素琼赴欧。

接下来的24年里，她屡次出国，直到1948年离开中国，再也没有返回。如果说第一次出走是被迫，有着娜拉的味道，那么后面的离家出国却是依循自己的内心，寻找自己的方向。

一个人走得太远，会不会忘记自己的初衷，找不到计划中的轨迹？黄素琼折腾了这么几十年，最后还是一个人终了在伦敦。临终前，她给张爱玲写了最后一封信，想见一见。但是，张爱玲没有回信。

《小团圆》中借楚娣（即张爱玲的姑姑）的口，这么描述黄素琼的一生：

倒像那“流浪的犹太人”，被罚永远流浪不得休息的神话人物。

我脑海中，总有一幅黄素琼深鼻凹眼、嘴角抿成坚毅弧线的形象。

这个小脚女人，踏着一双三寸金莲横跨两个时代。她穿的皮鞋都是定制的，小得像童话人物的袖珍舞鞋，鞋尖还得塞好多棉花。她不仅游走欧洲，还能在瑞士阿尔卑斯山滑雪。阿尔卑斯山脉的晴空下，洒下了她多少清脆娇媚的笑声？或许黄素琼就是不服输，人家做得的事情，自己也能做，还做得比别人好。

黄素琼还是一个“学校控”。她从小受到的是私塾教育，从来没有进过学校。心里面，她对学校万分着迷。在欧洲进过美术学校，1948 年还在马来西亚侨校教过半年书。包括后来，她支持张爱玲读书、留洋，很大程度上是自己梦想的一种延伸。

她还画油画，跟徐悲鸿、蒋碧薇、常书鸿等都熟识。

为了学会裁制皮革，她在英国一度下厂做女工制作皮包。“珍珠港事变”后，她从新加坡逃难到印度，曾经做过尼赫鲁的两个姐姐的秘书。

黄素琼的计划似乎并没有成功。她有幸生于这个时代，能放下儿女、丈夫奔赴遥远的国度追求自己的梦想；她又不幸生于这个时代，战火、变革，时代的不彻底使她终究也不能那么彻底。一个失败的人，要么是晚了一步，要么是早了一步。

她不幸早了二三十年。

这个女人的确勇敢坚毅，但于儿女，却少了温情和柔和。她对张爱玲姐弟的态度，显得刻板生硬，少了点母性，更像是老师严厉的说教。

从小她就注意他们的饮食，却俨然是一个科学家的科学准则。她像“拐卖人口一样”送张爱玲去读书，更多的也仅仅是注重自己的感受。连自己的儿子抱着一双报纸包裹的球鞋来投奔自己，眨巴着潮湿的大眼睛乞求母亲收留时，黄素琼也只是冷静地对儿子说她不能收留他，因为已经收留了他的姐姐，经济上吃不消。换作其他母亲，早抱着受委屈的儿子痛哭了。

其实，她在国内排场不小，后面几十年她一直在卖古董，身后还留有一箱古董。我猜想，当年多抚养一个孩子也不见得经济上真的吃不消。

这个从封建大家庭走出来的女人，受到新文明的洗礼，她更向往那种自由自在的生活。包括她喜欢艺术，喜欢学校，说外语，结识文艺人士，在欧洲大陆行走，都是一种浪漫华丽的姿态。

让这种人为儿女牺牲，不太容易。

就连收留女儿，黄素琼也一直在用审视的眼光观察张爱玲，始终在权衡自己为女儿的这种付出值不值得。结果，张爱玲和她相处也越来越别扭。

问母亲要钱，起初是亲切有味的事……可是后来，在她的窘境中三天两天伸手向她拿钱，为她的脾气磨难着，为自己的忘恩负义磨难着，那些琐碎的难堪，一点点地毁了我的爱。

黄素琼母性的淡漠，在很大程度上是由于性情的索然寡味。她属于那种感情被定型成生硬的条条框框的人。从她一本正经地告诉张爱玲如何做“淑女”的刻板细则，到她照本宣科般告诉儿子女儿吃什么营养，都只是严师的唠叨。唠叨也罢，关键还是她执着于自己的标准，没有内省的能力和习惯。她从来没有考虑过自己的这一套到底对孩子们有多大的益处，对孩子们到底是不是合适；也从来没有站在他们的角度去体谅他们的苦衷。她只是一个对姿态比对内心的感受更感兴趣的女人。

其结果是，她那一套生硬刻板的“淑女”标准，两年的培训计划，彻底失败。对这一件事，张爱玲事后回忆：“除了使我思想失去均衡之外，我母亲的沉痛警告没有给我任何的影响。”

1947年，黄素琼又从国外回到上海，她差不多有十几年没有和儿子见面了。这次，她邀请儿子去吃中午饭。饭前，询问了儿子要吃多少饭，喜欢吃些什么菜，这样她好准备。

黄素琼的这些询问，很像是母亲对儿子的关怀。可惜，本性难移，这些到头来还是落脚于她刻板的科学理论。

吃饭的时候，她一直注意我吃的饭量和爱吃的菜是否符合我对她讲的。她还不时问我工作的情况，教导我应当怎样对待上司和同事。这顿饭无疑是上了一堂教育课，自始至终我总是战战兢兢回答她的提问，以及唯唯称是地听着她的教导。

一场母子团聚的温馨会面，又被她的说教搞砸了。

从张爱玲的文章和张子静的回忆录中，从来没有看到这位母亲询问过儿女们是否快乐、是否幸福。而这些，本应是母亲最常见的关怀。

这样一位对自然的情感几乎没有体验能力的母亲，言传身教般让两个儿女在什么是爱、如何表达爱这个问题上，也缺乏应有的能

力。张爱玲日后离群索居，张子静终身未娶，都是缺乏爱的能力的表现。

黄素琼作为一位母亲实在是太失败了。

“不爱”比“爱”更难

相比于母亲这一方面的刻板，父亲对儿时的张爱玲却有更多的温情。在与黄素琼离婚至再婚的三四年间，是他与儿女最亲近的一段美好时光。张爱玲放学回家后，多是在他的书房看书，与父亲闲谈自己对某一本小说的看法。父亲细心听着，不时交换自己的意见。他们不仅谈《红楼梦》，还谈时下小报上的内容。可以说，父亲张志沂是张爱玲文学启蒙的老师。最关键的是，在文学启蒙的道路上，不仅需要知识的启蒙，还需要有人欣赏和懂得。张志沂无疑扮演了一个重要角色。可以说，正因为有了他早期对张爱玲的肯定，才使得张爱玲成为一位作家而不是被她母亲改造成一位“淑女”。

那时，张志沂对张爱玲的成绩，是得意骄傲的。家里来了人，他都要把张爱玲写的旧诗读出来让来客欣赏。张爱玲 14 岁写的习作《摩登红楼梦》，回目就是张志沂拟定的。

成年出国之后，有一次在多伦多街上看橱窗，张爱玲忽然看见久违了的香肠卷——其实并没有香肠，不过是一只酥皮小筒塞肉，她在《谈吃与画饼充饥》中写道：“不禁想起小时候父亲带我到飞达咖啡馆去买小蛋糕的情景。”那时她的父亲总是买香肠卷。

这样的琐碎小事，完好地封存在她的记忆里，文字写到这里都是温暖和怀念。

《小团圆》里，乃德对蕊秋一直带着脉脉温情，就算离婚后对蕊秋也是有感情的。嘴里念出“蕊秋”两个字是那么的温柔。虽然《小团圆》是本小说，连图书版权页上的分类也说得很清楚，“长篇小说—中国—现代”，但仍有不少人把《小团圆》当成张爱玲的自传来看。乃德指的就是张志沂，蕊秋是黄素琼无疑。

其实张志沂从来就不是一个坏人，他只是失落于时代的节拍，固守自己的天地。

自1927年出国，黄素琼一去就是四年。尽管是新文化运动之后，旧式家庭也有所松动，但是一个有着两个儿女的女人，能从这样的大家族中出走，是不是也有着张志沂爱的隐约支持呢？黄素琼强硬勇敢的背后，是不是有着张志沂宠爱的迁就？

期间他给黄素琼寄去的照片中还题有一首七绝，末两句是“书生自愧拥书城，两字平安报与卿”。张志沂一直催促她回来，姨太太走了，也答应戒毒。

1927年1月，张志沂在津浦铁路局失去靠山，离职。次年春天，举家搬往上海，专等黄素琼回国。

1928年，是一个动荡的年代。4月7日，蒋介石在徐州誓师北伐。5月4日，奉军首领张作霖在沈阳附近被日军炸死。7月18日，中国共产党第六次全国代表大会在莫斯科举行。7月21日，全国反日大会在上海召开。7月28日，中国代表出席在荷兰举行的第9届奥运会开幕式。11月1日，中华国货展览会在上海隆重开幕，中央银行在上海成立。12月末，张学良继任奉系首领并宣布东三省易帜，换挂青天白日旗。

这一年，张爱玲八岁。她们家浩浩荡荡地搬回上海，坐船走海路。

一直觉得大海与张爱玲有着很密切的联系，当年她坐船到香港，后来到日本、到美国，一道深深的海域，把她隔了个十万八千里。而大海的宽漠、疏离，还真有点像张爱玲。

起先在上海的家是中等人家常住的那种很小的石库门房子，红油壁板，比天津的宽宅大院小气多了。但是张爱玲却很开心，沉浸在小孩子对于搬家、换新环境的莫名兴奋中。连带着油漆犯冲味儿的壁板，在她眼里，“那也是有一种紧紧的朱红的快乐”。

很快一团高兴蒙上了一层阴影——父亲嗜毒成瘾，打了过度的吗啡，离死不远了。

他独自坐在阳台上，颈上搭着一块湿毛巾，两眼直视，檐前挂下了牛筋绳索那样的粗而白的雨。哗哗下着雨，听不清他嘴里喃喃说些什么，我很害怕了。

在这样一个阴冷、孤寂的雨天，年幼的张爱玲看到的是牛筋绳索那样粗而白的雨。看着颓废、了无生气、奄奄一息的父亲，听着雨打屋顶，家里昏暗不见天日，空气中弥漫着死亡的气息。

从美的巅峰摔下来

就在父亲命将不保之际，母亲和姑姑终于回来了。她们把张志沂送到医院戒毒。家，明亮起来。

黄素琼，这位美丽的西洋化美人，似乎把另一种光明、温润的生活方式带回来了。她大刀阔斧，家，按照她的想法变成了暖色调。

她们搬到陕西南路的宝隆花园，是一栋欧式洋房，一共四层。屋顶尖尖的，门前有花园。

张爱玲和弟弟在楼梯间跑上跑下，兴奋尖叫。家里不仅有壁炉，有童话书，还多了很多“蕴藉华美”的朋友。有人唱歌，有人弹琴。

黄素琼与一位胖阿姨肩并肩坐在钢琴凳上，模仿一出电影里的恋爱表演，张爱玲笑倒在狼皮褥子上滚来滚去。

一切都是美的巅峰。蓝色椅套配着玫瑰红的地毯，真是明艳艳啊！张爱玲由衷地喜欢，连带也喜欢英国。因为“英格兰”三个字代表母亲的来处，总使她联想起那异国蓝天下的红色房子。一切都如童话一般。尽管母亲告诉她，英国天气并不好，总是下雨、阴暗、潮湿，然而她没法矫正自己的印象。因为一切都是这么温暖，看着一切都觉得好。

有段时间，黄素琼学唱歌。

我母亲学唱，纯粹因为肺弱，医生告诉她唱歌于肺有益。无论什么调子，由她唱出来都有点像吟诗（她常常用拖长了的湖南腔背诵唐诗）。而且她的发音一来就比钢琴低半个音阶，但是她总是抱歉地笑起来，有许多娇媚的解释。

张爱玲笔下对于母亲常有三分调侃的口吻，说她是“学校迷”，“纯是梦想与羡慕别人”。在欧洲进的美术学校，张爱玲也给她颠覆了——“太自由散漫不算”。这是张爱玲“一身俗骨”在向黄素琼的“小资情怀”叫板。这样一个张爱玲是不会被培养成另一个黄素

琼的。

想着黄素琼娇媚地笑着为自己辩解，有点任性地追逐自己的梦想，这些都不失为这个美妇人的可爱。张志沂一直对她留有温情，或许也是爱她的这些可爱姿态。

她的衣服是秋天的落叶的淡赭，肩上垂着淡赭的花球，永远有飘堕的姿势。

这段时间，张爱玲过着明媚的生活。一切都是母亲的方式。学英文、弹钢琴、看电影、听音乐会，完全是一个西式淑女的风范。就连看到书里面夹的一朵花，听母亲讲起它的历史，也会落下泪来。母亲向弟弟表扬她：“你看，姐姐可不是为了吃不到糖而哭

的。”张爱玲不好意思地低下头，心里面却飘飘然。还有什么比母亲的肯定更让孩子觉得温暖幸福的？

好景不长，没过多久，父亲母亲又开始吵架。

他们剧烈地争吵着，吓慌了的仆人们把小孩拉了出去，叫我们乖一点，少管闲事。我和弟弟在阳台上静静骑着三轮的小脚踏车，两人都不作声，晚春的阳台上，挂着绿竹帘子，满地密条的阳光。

有时候，楼上突然传来两人的争吵声，偶尔还夹杂着黄素琼的哭声和不知是谁摔破东西的声音。两个小孩正在院子里面跟狼狗玩，这时只得静静地怔忡着。

其实张志沂不肯拿钱出来养家，动机是想把妻子的钱花光后好把她拴在家里面。

不知道这算不算爱的自私。

黄素琼自然明白这层用意。家不复柔和。当年张志沂兄妹一直依傍着同父异母的兄嫂生活，金钱的约束让他很长一段时间得不到自由。现在，他想用同样的方法来对待黄素琼。当年他自己都想方设法要离开兄嫂，何况是出国留洋过，已品尝到独立甜头的黄素琼。这个勇敢的小脚女人，一纸离婚书，解除了自己的婚姻。

据说，办离婚手续时，张志沂绕室徘徊，犹豫不决。几次拿起笔要签字，长叹一声又把笔放回桌上。律师见状，问黄素琼是否要改变心意。黄素琼低着头说："我的心已经像一块木头。"

不知道当年黄素琼这么说时，心里面有没有百转千回。与张志沂年少相逢，共度了青春浪漫的时光。在当年天津的家，有一张照片，是他们夫妻二人与几位亲戚朋友在花园里品茗聊天。张志沂脸庞清秀，黄素琼翘着兰花指正在倒茶，脸上隐着笑。夫妻二人看起来很默契、很幸福。

每一个婚姻都有一个幸福的开始。

爱却不能完整如初。

1930 年，张志沂、黄素琼离婚。1953 年，张志沂在上海病逝，享年 57 岁。1957 年，黄素琼在英国病逝，享年 61 岁。

黄素琼的遗物中有一张张志沂的照片，背后题有四句：

才听津门（金甲鸣）

又闻塞上鼓鼙声

书生自愧坐拥书城

两字平安报与卿

天津的依恋，上海的决裂

我一看到圣·索菲亚大教堂，就想起张爱玲在《私语》里谈到她父亲图书的一段话。虽然两者间本来没有什么联系。

“……有一本萧伯纳的戏:《心碎的屋》，是父亲当初买的。空白上留有他的英文题识:

天津，华北。

一九二六。三十二号路六十一号。

提摩太·C.张。

我向来觉得在书上郑重地留下姓氏，注明年月，地址，是近于无聊，但是新近发现这本书上的几行字，却很喜欢，因为有一种春日迟迟的空气，像我们在天津的家。”

也许，圣·索菲亚同样给我春日迟迟的感觉。

原来也是“天津卫”

1923年，张爱玲27岁的父亲结束依傍兄嫂的生活，自立门户，带着一大家子由上海搬往天津。

家在睦南道上。这条不宽的马路整洁幽静，马路牙子上是成行的槐树。一栋栋欧洲风情的小洋楼坐落在路两边。楼是那种小小的独门独院的红顶小楼，树也没有往高里长，而是长到院子围墙那么高时，就四下蔓延开。路也不宽，道旁的座椅也小得可爱，没有人坐，却很干净，有着欲说还休的味道。恍然间，像走进了童话里安逸的场景。

常说“物以类聚，人以群分”。张志沂选择在睦南道上安家，肯定是有讲究的。张家的亲戚大多住在这附近。据今天的统计，这条两公里多点长的马路上，留下各类风貌建筑74栋，名人故居22处，市文物保护单位四处。民国大总统徐世昌住在这里，张学良的二弟张学铭先生住在这里，中国近代外交家颜惠庆先生住在这里，天津八大家“李善人”的后代住在这里……

张爱玲和弟弟常在花园里唱歌、荡秋千、追逐大白鹅。这个阶段，他们生活在成群的仆人之间，常由仆人抱着走亲访友，开始熟悉亲友往还、节日庆吊这些传统礼仪。张爱玲的母亲和姑姑出国后，亲友们常轮流来看张爱玲姐弟俩人。

在“二大爷”家，永远有一个高大的老人坐在藤躺椅上。

我叫声“二大爷”。

“认多少字啦？”他总是问。再没第二句话。然后就是“背个诗我听。”

“再背个。”

还是我母亲在家的时候教我的几首唐诗，有些字不认识，就只背诵字音。他每次听到“商女不知亡国恨，隔江犹唱后庭花”就流泪。

他五十几岁的瘦小的媳妇小脚伶仃站在房门口伺候。他问了声“有什么吃的？”她回说：“有包子，有合子。”他点点头，叫我“去玩去”。

多年后，张爱玲才恍惚听见说“二大爷”是最后一个两江总督张人骏。

天津这么多的亲戚朋友、礼节走动，小小的心灵应该充分满足。生活的丰满容易让小孩子体会到幸福。天津的这段时光是张爱玲的“橙色岁月”。

稍大一点，家里为她和弟弟请来了私塾老师。这是她受教育的开始。她还记得那时天天傍晚在窗前摇摆着身子背书。有一段时间，常为背不出书而苦恼。甚至除夕之夜还用功背书，以致保姆怕她熬夜辛苦，没有照她的吩咐早早喊她起来迎新年，第二天她醒来时鞭炮已经放过了。

我觉得一切的繁华都已经成了过去，我没有份了，躺在床上哭了又哭，不肯起来，最后被拉了起来，坐在小藤椅上，人家替我穿上新鞋的时候，还是哭——即使穿上新鞋也赶不上。

为什么命运的惘惘威胁一直萦绕在张爱玲的身上呢？长大一点，她带着喜悦地急着喊：“出名要趁早啊！来得太晚的话，快乐也不那么痛快。”“所以更加要催：快，快，迟了来不及了，来不及了！”“如果我最常用的字是‘荒凉’，那是因为思想背景里有这惘惘的威胁。”

在张爱玲的散文和小说里，这样的想法、这样的句子，比比皆是。她思想背景里的“惘惘的威胁”，已经成为她生命的底色。凡事都觉得来不及。就连她在父亲的鼓励下学做的古体诗“声如羯鼓催花发，带雨莲开第一枝”也带着仓促的语气。

来不及了，来不及了。一切都在时代的剧烈变迁中没有安全感，就连曾经荣耀繁华的家，也江河日下一日不如一日。父亲的家，母亲的家，亲戚们的家，都在时代的车轮里分崩离析，破损不堪。敏感的张爱玲，体会到时代的危险，看到命运的残忍。可惜的是，她不知不觉中把这“惘惘的威胁”当成了自己命运的底子。

就连三十多年后，她在罗湖口岸转身离开，再也没有回来，也是那么的急促。后来在美国写稿，几近隐居，有一个原因就是她觉得时间不够用了，得快点抓紧这转瞬即逝的刹那。

在惘惘的命运一触即发之前，让我们还是把镜头回到老天津卫吧。20 世纪二三十年代的天津，俨然是京城的后花园。1919 年后的北京，已不复是那些遗老遗少的温暖之地，他们纷纷搬到天津，把前朝的作风一并带了过来。当北京如火如荼地反封反帝时，天津却暂时安逸。

坐着黄包车前行在和平路、劝业场、维多利亚大道上，眼前是高大厚实的欧式建筑；耳边是跑马场里喧沸的人声，旌旗猎猎；街头有各色小吃，煎饼馃子、锅巴菜、大红糖堆儿，再叫上一碗老豆腐，看着龙嘴茶壶倒出优美的滚水弧线……

外面的世界是这样的惬意，年幼的张爱玲有没有拉着父亲张志沂的手，买上过一串糖堆儿呢？

萧伯纳的戏：《心碎的屋》，是我父亲当初买的，空白上留有他的英文题识：天津、华北，1926。32号路61号，提摩太·C.张。

这短短一句话，让人回味。似乎这萧伯纳的戏、英文的题识、“提摩太”三个字才能契合天津的味道。

一直觉得每个城市都有着独特的味道。天津适合怀旧，怀旧中有点慵懒，慵懒中带着洋气，洋气里面似乎又有着最民风的东西。

我向来觉得在书上郑重地留下姓氏，注明年月，地址，是近于啰唆无聊，但是新近发现这本书上的几行字，却很喜欢，因为有一种春日迟迟的空气，像我们在天津的家。

我记得每天早上女佣把我抱到母亲床上去，是铜床，我爬在方格子青锦被上，跟着她不知所云地背唐诗……

……姨奶奶搬了进来。家里很热闹，时常有宴会，叫条子。我躲在帘子背后偷看，尤其注意同坐在一张沙发椅上的十六七岁的两姐妹，披着前刘海，穿着一样的玉色袄裤，雪白地依偎着，像生在一起似的。

……（姨奶奶）每天带我到起士林去看跳舞。我坐在桌子边，面前的蛋糕上的白奶油高其眉毛，然而我把那一块全吃了，在那微红的黄昏里渐渐盹着，照例到三四点钟，背在佣人身上背回家。

松子糖装在金耳的小花瓷罐里。旁边有黄红的蟠桃式瓷缸，里面是痱子粉。下午的阳光照到磨白了的旧梳妆台上……

这就是天津那个家——华丽、温暖，带着牛奶泡沫般精巧纤细的风致。浸淫在这种生活方式特有的舒适、悠闲、慵懒中，耳濡目染、感官敏锐，容易造就纤巧精致的趣味。

张爱玲敏锐地捕捉到了这日常中的美，从细节处发现鲜明生动的光亮，获得愉悦的审美。不夸张地说，这些也是成就张爱玲的一个重要条件。

她母亲前脚出国，姨奶奶后脚就进门了。堂子里面的女人自会看事，对这个张家大小姐极尽敷衍、拉拢。因为，张爱玲的父亲器重这个女儿。

姨奶奶带着她去起士林看跳舞、吃奶油蛋糕，还给她做好看的新衣服。这使得幼年的张爱玲有一次很肯定地说喜欢姨奶奶多过自己的母亲。

不管是谁，有人宠，有人爱，哪怕是敷衍，也很愉快。

天津留在张爱玲心里是“春日迟迟”的感觉。春天的午后，坐在书房里，阳光照在身上，明亮但不灼热，看着窗格子上光线的移动，听着鱼缸里的鱼冒泡泡，桌上放着耳朵眼炸糕。这是天津暖洋洋的午后。

我知道，他喜欢我

“橙色的岁月”紧接着是张爱玲的“蓝红年代”。

1928年，张志沂终于等到黄素琼回国。黄素琼答应回国的一个条件是要搬回上海。因为她的同胞弟弟在上海，而他们一向感情甚好。

张志沂因在铁路局失去靠山，也不得不离开天津。

我八岁到上海来，坐船经过黑水洋绿水洋，仿佛的确是黑的漆黑，绿的碧绿，虽然从来没有在书里看到海的礼赞，也有一种快心的感觉。

好多因缘巧合，才能促成一件事，造就一个人。就这样，才有上海的张爱玲，张爱玲的上海。我估计，“张学”一定是忽略天津对张爱玲的影响的，连张爱玲《十八春》里的南京、她祖父祖母的南京，都不在他们的学术范围内啊！

“蓝红年代”里，母亲把整个家按照她的意愿做了很大的改造。家里的风格一下子很欧式，很小资。好景不长，1930年，父亲母亲离婚。

虽然他们没有征求我的意见，我是表示赞成的，心里自然也惆怅，因为那红蓝色的家无法维持下去了。

虽然惆怅，但她成名后不止一次地坚持提醒人们，父母离了婚的孩子并不像人们想象的那样不幸。

母亲再次动身到法国。

母亲把那明亮的西式的家一并带走了。

父亲的家，充斥着鸦片的云雾。在那云雾缭绕的家里，有教八股文的老先生，模样乖巧的弟弟，父亲的书房里堆叠着各种小报、章回小说，坐在里面感觉整个人都在日暮沉沉中陷下去。

这样的环境张爱玲也是喜爱的。与其说她喜欢这样的环境，不如说，她在父亲的环境里生活得愉快，所以才会心生喜悦。

那个时期她的生活很有规律，星期一早晨坐着父亲的汽车由司机送去学校，星期六再由司机接回家，从小带她的保姆何干每逢周三就给她送去换洗衣服和食物。周末和寒暑假，还有好多喜欢的事情可以做：看电影、读小说、找舅舅家的表姐妹们聊天逛街、去姑姑家玩儿。

张志沂发现了女儿的文学才华。张志沂是个旧时才子，吟诗作赋得心应手。看到女儿有这方面的天赋，自然心生欢喜和宠爱。

有一次寒假，张爱玲仿照当时的报纸副刊形式，自己裁纸写作画图，编写了一张以自己家庭杂事为内容的报纸。张志沂看了非常高兴。只要有亲朋好友来，总要拿出来向他们炫耀："这是小瑛[1]做的报纸副刊。"言语间满是得意。

母亲走了，并没有带走她的快乐。

最初家里没有我母亲这个人，也不感到任何缺陷。

---

[1] 张爱玲学龄前的名字。

在父亲另娶之前，她和父亲既是一对相依为命的父女，又是一对惺惺相惜的文学朋友。

父亲常与张爱玲一起谈论读书的感想，鼓励她作诗、写作。这些行为，极大地激励了张爱玲更热爱文学。可以说，父亲的肯定对于张爱玲不断进步，是非常关键的。

相比于张爱玲的父亲，黄素琼几乎从来没有肯定过这个女儿。她总是用审视的目光挑剔着张爱玲生活中的种种不足。这种否定，一再打击着张爱玲的自信心。张爱玲成年后，也从来没有写出过“母亲喜欢我”这样的字句。

对于父亲，张爱玲却不止一次地说过“他喜欢我”这样的话。虽然她总要在前面加上些定语，“我知道他是寂寞的，在寂寞的时候他喜欢我。”“我知道”三个字，百转千回，痛定思痛。或许，在她落笔之时，不仅理解了父亲的寂寞和痛苦，也谅解了他。

因为懂得，所以慈悲。

这句话，当年是写给胡兰成的，用在她父亲身上也挺适合。

可惜这样的谅解，最终也只化为文字。

有一次在多伦多街上看橱窗，忽然看见久违了的香肠卷——其实并没有香肠，不过是一只酥皮小筒塞肉——不禁想起小时候我父亲带我到飞达咖啡馆去买小蛋糕，叫我自己挑拣，他自己总是买香肠卷。一时怀旧起来，买了四只，油渍浸透了的小纸袋放在海关柜台上，关员一脸不愿意的神气，尤其因为我别的什么都没买，无税可纳。美国就没有香肠卷，加拿大到底是英属联邦，不过手艺比不上从前上海飞达咖啡馆的名厨。我在飞机上不便拿出来吃，回到美国一尝，油又大，又太辛辣，哪是我偶尔吃我父亲一只的香肠卷。

从1930年到1934年，这四年中，张爱玲一直陪伴在父亲左右，与父亲幸福地生活在一起。

在周末的午后，在那深巷大宅的书房里，百叶窗沉下来，光线斜斜地挤进来。深色的地板泛着木头的棕青色，张爱玲正趴在木地板上看书。《红楼梦》《海上花列传》《醒世姻缘传》《水浒传》《三国演义》《老残游记》《儒林外史》《官场现形记》，还有鸳鸯蝴蝶派的小说等，一本一本地从父亲的书架上拖下来看。

抽书是她的拿手，她父亲买的小说有点黄色，虽然没明说，不大愿意她看，她总是趁他在烟铺上盹着了的时候蹑手蹑脚进去，把书桌上那一大叠悄悄抽一本出来，看完了再去换。

直到看得头昏脑涨，太阳西沉。这时院子里隐约有弟弟拍皮球的声音。窗外飞着四月的杨絮。

晚饭时，佣人何干进来叫。

经过客厅，茶几上懒洋洋地堆着杂乱的小报。张爱玲瞄了一眼，又有一期新的，是没有看过的。一时心里非常喜悦。晚饭后又有文章可以看。

饭中，父亲随口与她谈谈小报，谈谈他们最喜爱的《红楼梦》。

对于色彩，音符，字眼，我极为敏感。当我弹奏钢琴时，我想象那八个音符有不同的个性，穿戴了鲜艳的衣帽携手舞蹈。我学写文章，爱用色彩浓厚、音韵铿锵的字眼，如“珠灰”“黄昏”“婉妙”“splendour”“melancholy”，因此常犯了堆砌的毛病。直到现在，我仍然爱看《聊斋志异》与俗气的巴黎时装报告，便是为了这种有吸引力的字眼。

美艳辞藻的堆砌，感官厚重的刺激，或许就是从她父亲那里遗传来的，带着奢侈放纵的味道。

跟着父亲她还看了很多京剧。京剧里面明艳的服饰，大悲大喜冲撞十足的故事，咿咿呀呀划破寂静的二胡声，都让张爱玲喜爱。

张志沂一边翻看小报上名旦的八卦新闻，一边对他们品头论足。张爱玲听得津津有味，好笑处，乐出声来。

这些与父亲在一起的时光都是快乐的。那时她写的一首七绝末一句是“带雨莲开第一枝”，也带着积极的意味。

人们总说好景不长，这样的生活在张志沂再次结婚时，不得不画上句号。

孙用蕃的同榻之好

1934年，张志沂迎娶孙用蕃。张爱玲对此的反应一如少女对后母可怕的想象。

我父亲要结婚了，姑姑初次告诉我这消息，是在夏夜的小阳台上。我哭了，因为看过太多的关于后母的小说，万万没想到会应在我身上。我只有一个迫切的感觉：无论如何不能让这件事发生。如果那女人就在眼前，伏在铁栏杆上，我必定把她从阳台上推下去，一了百了。

孙用蕃来头不小，其父亲曾任袁世凯内阁国务总理。她36岁还待嫁闺中的原因据说是她与表哥之类的男人好过，最后却不了了之，因而在外有损姑娘的名节。何况她父辈又曾发达过，现在虽然家道中落，但好歹那个大总理的架子还在。嫁个男人，高了人家不要你，低了自己又看不上。再加上他们一家人都抽鸦片，更使一些男人望而却步。婚事只得无限拖延下来。

那年因为上海房价飞涨，祖辈留下来的一条街的房产使得张志沂手头又松活起来，亲戚间走动得勤了。就有人给他介绍了这个孙用蕃。

夏天时先在20世纪30年代上海最豪华的礼查饭店订婚，半年后又在华安大楼举行婚礼，排场不小。

孙用蕃第一次结婚，一嫁过来就是两个十多岁孩子的妈，我想她心里面多少也委屈或是忐忑。

刚过门那阵子，一切似乎都还能敷衍。接下来，后母怂恿张爱玲的父亲搬家，开始用她的思维来改造这个家。仆人换的换、辞退的辞退，又从家里拿来两箱子衣服让张爱玲穿。这或许是她的好心，也是她作为后母的威力。总之成年后的张爱玲一想起这桩事，就觉得那猪肝色的旧布旗袍似乎还死气沉沉地贴在身上。

那年暑假，张爱玲在父亲的书房写作文，写完后放在那里，到舅舅家去玩。孙用蕃无意中在书房里看到张爱玲的这篇作文——《后母的心》，读完后很感动，认为这篇作文简直就是设身处地为她而写的。后来，凡有亲友到家里来，孙用蕃就把这篇文章的大意说给大家听，夸张爱玲会写文章。

孙用蕃的夸奖，或许也是真心赞美张爱玲的写作水平，更深层

着，不知老之将至。

——艾嘉

见了他，
她变得很低很低，
低到尘埃里，
但她的心是欢喜的，
从尘埃里开出花来。

——张爱玲

总有一本书能陪伴我们

的，是不是让大家都看看她这个后母是多么的成功，前妻之女对她是多么的认可，这个家在她的领导下是多么融洽。

聪慧如张爱玲，就像她在学校能揣测出每个老师的喜好来温习功课准备考试一样，这次或许她也全当是一次考试吧？

后母与父亲有着“同榻之好”。傍晚时分，两人斜斜地躺在床上抽鸦片。一直看不出孙用蕃的好，她是女人男相的那种人，脸上身板线条都显得粗大。不知道为什么张志沂似乎一直与她比较恩爱。她哪点比得上千娇百媚、任性撒娇的黄素琼？男人的事真不好说，或许孙用蕃在烟榻上歪着身子给张志沂烧烟枪时，昏黄的灯光下，鸦片诱惑的香味，人都是影影绰绰的剪影，张志沂体会到了黄素琼身上没有的服帖温柔？

可惜温柔只是对老公的，对前妻的两个孩子就没有那么多耐心了。孙用蕃对两个孩子由一开始的拉拢敷衍到最后终不拿他们当回事，一来是因为后妈实在难做，何况是两个十多岁孩子的妈。另一个原因不知道是不是张志沂心中时不时地仍放不下黄素琼。对于“情敌”的儿女，哪里还会有好脸色？

张志沂对黄素琼一直还留有那么一点点情分，这既是黄素琼的魅力，也是张志沂个性使然。张志沂从来就不算一个坏人。只是他出生得太晚，与周遭环境格格不入。

（乃德与蕊秋离婚时）那时候他爱她，九莉想。真要他履行条约，那又是打官司的事。但是她的魔力也还在，九莉每次说要到“三姑”那里去，他总柔声答应着，脸上没有表情。

《小团圆》如是说。乃德指的是张志沂，蕊秋是黄素琼，九莉是张爱玲。

这一点点温情，孙用蕃自然不会答应。她不仅精明能干，个性也强硬，才会把气撒在黄素琼的孩子身上。

你打她，我就打死你

1937年日本人进攻上海，黄素琼的弟弟一开仗就在法租界的伟达饭店租下一套三个房间，阖家搬去避难。黄素琼派人来接张爱玲，在那里住了两个晚上。

成年后的张爱玲提到母亲时总带点揶揄，母亲这次的行为，张爱玲在《小团圆》里面也偷笑了一番。

蕊秋大概觉得他这笔旅馆费太可观了，想充分利用一下，叫九莉也跟着去。

于是张爱玲给父亲说了要去“姑姑”那里，其实两人都心照不宣，因为她母亲与姑姑总是在一起的。她的父亲张志沂躺在烟铺上“嗯”了一声，表示同意。

没想到事隔两天，张爱玲一回来，孙用蕃就骂开了。

早在这之前，因为张爱玲出国读书的问题，黄素琼就托人来和张志沂谈判。事后又让张爱玲自己与父亲谈。没想到父亲没有答应，孙用蕃自然又是一阵冷嘲热讽。

你母亲离了婚还要干涉你们家的事。既然放不下这里，为什么不回来？可惜迟了一步，回来只好做姨太太。

孙用蕃劈头便质问张爱玲为什么在外过夜，扬手打了她一个嘴巴子。张爱玲本能地要还手，被两个老妈子死死拉住。孙用蕃早一路尖叫着“她打我！她打我！”奔上楼去，抢先告状。

喊声在楼梯间回荡，四下顿时静止凝固，空气重得沉淀下来。张爱玲心里分明有一种大祸临头的感觉。

在这一刹那间，一切都变得非常清晰，下着百叶窗的暗沉沉的餐室，饭已经开上桌了，没有金鱼的金鱼缸，白瓷缸上细细描出橙红的鱼藻。

张志沂冲下楼来，不问青红皂白，对着张爱玲就是一阵拳打脚踢。直把张爱玲打得倒在地上爬不起来。

黄素琼曾嘱咐过她，如果发生这种事情千万不可还手。“不然，说出去总是你的错。”待父亲走后，张爱玲爬起来想去报巡捕房。这可能也是她在书本上学来的。但是这一套对于封建家长专制的家庭，怎么会有用？

她试着撒泼，叫闹踢门，想引起门外岗警的注意。结果张志沂直接把她监禁在一间空房子里面，还扬言要用手枪打死她。

这时候，家已不复温暖。那些曾经给她带来美好时光的记忆，全部都变得苦涩了。

我生在里面的这座房屋突然变成生疏的了，像月光底下的，黑影中现出青白的粉墙，片面的，癫狂的……楼板上的蓝色的月光，那静静的杀机。

张爱玲在空房子里也没闲着，偷偷做着逃走的准备，直到后来患上痢疾。这一病就是半年。

……躺在床上看着秋冬的丹青的天，对面的门楼上挑起灰石的鹿角，底下累累两排小石菩萨——也不知道现在是哪一朝、哪一代……朦胧地生在这所房子里，也朦胧地死在这里么？死了就在园子里埋了。

这次严重的痢疾差点让她死去。后来她在《私语》里把她被软禁、生病、逃走的经过写得很清楚。独独漏写了一个情节，就是张志沂在她病中给她打针医治。

或许那一针下去，父女两个人都有委屈痛苦。

这么些年来，女儿一直跟着自己，受教育、被养活，他一直器重她，没想到最终女儿还是倒戈向母亲，这怎能不让张志沂伤心失望，乃至愤怒。而张家大小姐第一次这么被父亲当着众人的面，拳脚相向，心里面有伤心有痛苦有诧异，还有难堪。

病中，张爱玲一直在为逃走做准备，心中是不是还有着对父亲的一点留念？

发高热，她梦见父亲带她去兜风，到了郊区车夫开快车，夏夜的凉风吹得十分畅快。

不过，这次她终于要离开这个家，与那扼杀青春的生活方式，来一次决裂。

一等到我可以扶墙摸壁行走，我就预备逃。先向何干套口气打听了两个巡警换班的时间，隆冬的晚上，伏在窗子上用望远镜看清楚了黑路上没有人，挨着墙一步一步摸到铁门边，拔出门闩，开了门，把望远镜放在牛奶箱上，闪身出去。——当真立在人行道上了！没有风，只是阴历年将近的寂寂的冷，街灯下只看见一片寒灰，但是多么可亲的世界呵！

我在街沿急急走着，每一脚踏在地上都是一个响亮的吻。而且我在距家不远的地方和一个黄包车夫讲起价钱来了——我真高兴我还没忘了怎样还价。真是发了疯呀！随时可以重新被抓进去。事过境迁，方才觉得那惊险中的滑稽。

后来知道何干因为犯了和我同谋的嫌疑，大大地被带累。

我后母把我一切的东西分着给了人，只当我死了。这是我那个家的结束。

1938 年年初，18 岁的张爱玲逃出麦根路她出生的家。

1942 年，因为香港开战港大关闭，张爱玲回到上海。但是她还差一年就毕业了。为了完成学业，她想转入上海的圣约翰大学。

因为交不起学费，姑姑让她去找父亲要。因为当年她父母的离婚协议上写着张爱玲的教育费用由父亲一人承担。而港大的三年父亲都没有出过钱，这剩下的半年应该由他出，否则太说不过去。

就这样，已有四年多没有踏进家门的张爱玲，再一次见到父亲。事后她的弟弟张子静回忆道：

姐姐进门后，神色冷漠，一无笑容。在客厅见了父亲，只简略地把要入圣约翰大学续学的事说一遍。难得父亲那么宽容，叫她先去报名考转学，“学费我再叫你弟弟送去”。

姐姐在家坐不到十分钟，话说清楚就走了。

那是姐姐最后一次走进家门，也是最后一次离开。此后她和我父亲就再也没有见过面。

张家的人都不会表达爱，对于如何表达爱，他们显得很生硬。从此，父女二人再没有见过面。1953 年，张志沂 57 岁时在上海病逝。张爱玲对父亲的感情和爱，最终只能寄托在文字上。

最后一切都是虚无。只留下当年父亲牵着她的手，带着她去飞达咖啡馆买小蛋糕的温暖记忆。或许当一切都不在的时候，空气中还能闻到那甜甜的奶油香味。

人生就是一场华丽缘

20世纪三四十年代的上海，是东方的巴黎。高楼林立，霓虹灯闪烁，是一个接一个的繁华梦。

营救

1937年，泸战爆发。那个午后弥漫着鸦片烟味道，充斥着懒懒闲逸的家，一刹那间，变得明晰清楚。朦胧的、矫饰的表面，被继母一迭声的锐叫打破："她打我！她打我！"接下来是父亲劈头盖脸的一顿好打。父亲说，你打人，我就打你。还扬言要用手枪打死她。结果张爱玲被监禁在空屋子里。之后，张爱玲生了一场沉重的痢疾，差一点死掉。在《私语》里，张爱玲说："我父亲不替我请医生，也没有药。病了半年，躺在床上看着秋冬的丹青的天，对面的门楼上挑起灰石的鹿角，底下累累两排小石菩萨——也不知道现在是哪一朝、哪一代……朦胧地生在这所房子里，也朦胧地死在这里么？死了就在园子里埋了。"

在与继母发生冲突的第二天，张爱玲的姑姑——张茂渊，立即赶过来说情。但是，由于这个姑姑一直与张爱玲的母亲黄素琼走得非常近，俩人不仅于1924年同赴欧洲游学，1928年由英国返上海，1930年张爱玲父母离婚后，俩人又一起搬出张爱玲父亲的宝隆花园洋房，租住在法租界。所以，张爱玲的继母孙用蕃对这个张志沂的妹妹，根本没有什么好感。何况张志沂对张爱玲的母亲还有点余情，孙用蕃一上来就把张茂渊当成黄素琼的代表，一见她便冷笑：

“是来捉鸦片的么？”一句话，就把张茂渊推到了张志沂的对立面。不等张茂渊开口，张志沂便从烟铺上跳起来劈头打去，把张茂渊打伤了。

张茂渊的这次求情以失败告终。张爱玲被监禁在空房里。

1938 年年初，张爱玲在被监禁半年后，终于在阴历年前，一个隆冬的晚上，逃出父亲家，投奔到母亲那里。与母亲、姑姑住于开纳公寓。

相处也是一门学问

关于张爱玲的母亲，母性在她身上体现得并不强烈，或者说，她还不知道怎么正确地表达母爱。所以，当这个女儿准备抛下一切来投奔自己时，私下里她可能还是会有片刻的迟疑。这个片刻的思量，是因为接纳张爱玲她就必须更多地付出自己。这个决定使她必须陪伴女儿养育女儿，直到女儿如自己所愿，考上英国的大学。所以，黄素琼看张爱玲，常常带着估量的眼神。掂量一下，为这个女儿花如此多的钱值不值得；再掂量一下，为这个女儿，牺牲自己大好的独身时光值不值得。

张爱玲原本对于母亲有着强烈的罗曼蒂克的爱。一开始，她跟母亲要零花钱，自以为是一件"亲切有味"的事情。但是当她一次次伸手向母亲要钱，忍受着母亲的坏脾气时，她是不是开始怀疑自己对母亲这种一往情深的崇拜和爱？她宁可走大半个城市，也不愿再开口向母亲要车费。她会不会觉得委屈？

我为她的脾气磨难着，为自己的忘恩负义磨难着，那些琐屑的难堪，一点点地毁了我的爱。

相对而言，与姑姑张茂渊相处时，因为没有那种不堪重负的崇拜，可能张爱玲会轻松自如一些。

周末时，姑姑忽然说要自己包包子，用芝麻酱当馅。蒸笼冒水蒸气，熏昏了眼镜，摘下来揩拭，张爱玲才看到她眼皮上有一道曲折的白痕，一问才知道是那时为自己去求情被父亲打伤的。

到医院去缝了三针。倒也没人注意。

姑姑轻描淡写地说。

糖心芝麻酱包子蒸出来，没有发面，皮子有点像皮革。姑姑说：“还不错。”张爱玲吃着，突然就流下泪来。

这样的事，她不愿想起，又时常想起。

“不愿想起”，是因为在她落泪的那一霎，是不是心酸眼亮，看清了自己的委屈，也明了母亲的委屈、父亲的委屈？“时常想起”，是不是因为姑姑随手做的这几个包子包含了她对家庭的温暖和爱的渴望？

或许张家父女、母女，都是硬脾气，没有千回百转的温情，且一个比一个不会表达爱。结果反而因为靠得太近，像相互取暖的豪猪一样，大家都弄得伤痕累累。但张爱玲与姑姑，说亲，总之还是隔着一层；说远，又有着血浓于水的关系。因而，近能做亲人，退一步，还能做朋友。两人相处时，反而有着朋友间的谦让和宽容。不像对父母，期望太多的爱，结果反而伤心失望。

人们常常会这样，对于朋友间的点滴关怀，会感受倍增，铭记在心。但对自己所爱的人，由于有更高的要求和期望，当事与愿违或者是事实与愿望还有一定差距时，往往会受伤或委屈。

难的不是伪装矫饰，而是遵从自己的内心

张茂渊又是一个干净清爽的人。干净清爽不仅是指外表，还指为人处世和内心。这个女人，无论做什么事情，都遵从自己的内心，不矫饰、不苛求，凡事都拎得清。你看她照顾从香港回来的张爱玲时，首先告诉张爱玲，“这一切都是因为你母亲托付我的。”不想张爱玲领自己的情，心里有负担。张爱玲的弟弟张子静小时候生病，张茂渊连日熬夜，隔两个钟头数几滴药水给他吃，当张子静长大后抱着一双篮球鞋来投奔母亲，张茂渊看着他眨巴着泪水的大眼睛，也觉得他可怜。但是到吃饭的时候，她仍然会毫不留情地说：“没有预约，我们是不留饭的。”1952 年张爱玲离开上海后，张子静敲门，张茂渊开了一个门缝，说了一声“你姐姐走了”，毫不犹豫地就把门关上了。

关于姑姑对张子静的行为，张爱玲分析，是因为她一个人挣钱也不那么容易，她害怕自己稍微心软一些，就会有人白吃白喝地靠上来。所以她宁可把话说清楚，也不要外在附加在自己身上的各种伪装道德的词汇。

无论何事张茂渊都愿意干净利落地处理，于人于己两不相欠。张爱玲潜移默化地从姑姑身上学到了这样的处事风格。多年以后，

当她也与旁人凡事拎得很清的时候，当有人误解地把冷漠、无情等字眼扣在她头上时，其实都没有看到隐藏在她思想深处的不想给别人带来麻烦的自尊自爱。

从 1938 年年初逃到母亲家到 1939 年赴香港求学，从 1942 年由香港返回上海到 1952 年离开大陆，这两段时间，张爱玲都与姑姑生活在一起。特别是后面她成名上海的这十年，姑姑不仅见证了她事业上的辉煌，也经历了她爱情起伏的波澜。但正因为与姑姑这种既亲且疏的关系，让张爱玲更加放松地向姑姑展现她的一切。俩人在一起，不像上下辈的关系，更像一对惺惺相惜的朋友，能相互欣赏和喜爱，又能保持自己独立的个性。同时姑姑也似张爱玲的保护伞。每逢重大的应酬场合，除了有炎樱，姑姑张茂渊也是陪伴其左右。

清平的机智见识

回忆不管是愉快还是不愉快的，都有一种悲哀，虽然淡，她怕那滋味。她从来不自找伤感，现实生活里有的是，不可避免的。但是光就这么想了想，就像站在个古建筑物门口往里张了张，在月光与黑影中断瓦颓垣千门万户，一瞥间已经知道都在那里。

两个人生活在一起，颇有些值得回忆的事情。

自从日本人进了租界，张茂渊就从洋行里面停薪留职了，过得很省。一天，她在窗前捉到一只相当肥大的鸽子，张爱玲帮忙握住它，鸽子捉在手里非常兴奋紧张。两人都笑，把鸽子关在窗外，等明天再吃。

谁知这鸽子一夜忧煎，像伍子胥过昭关，虽然没有变成白鸽，但一夜工夫竟然瘦掉一半。次日见了以为是换了只鸟。张爱玲吃了心下惨然，姑姑也默不作声。不搁茴香之类的香料，有点腥气，但就这一次的事，也犯不着去买。

张家女人都喜欢看电影。张茂渊就说自己喜欢看喜剧，说话俏皮好玩。张爱玲为了看一场电影，宁可急急地从杭州折回上海。有着共同爱好、近似品味的两个人，朝夕相处，才会轻松愉快。

看看张爱玲身边能与她相处融洽的女人，如炎樱、苏青，还有她的姑姑张茂渊，都是聪慧机智的。

张爱玲曾经说过她的姑姑有一种清平的机智见识。

她有过一个年老唠叨的朋友，现在不大来往了。她说："生命太短了，费那么些时间和这样的人在一起是太可惜——可是，和她在一起，又使人觉得生命太长了。"

起初我当作她是说：因为厌烦的缘故，仿佛时间过得奇慢。后来发现她是另外一个意思：一个人老了，可以变得那么的龙钟糊涂，看了那样子，不由得觉得生命太长了。

关于职业，张茂渊的见解，即使在今天看来，也比很多人想得明白。

她找起事来，挑剔得非常厉害，因为："如果是个男人，必须养家糊口的，有时候就没有选择的余地，怎么苦也得干，说起来是他的责任，还有个名目。像我这样没有家累的，做着个不称心的事，愁眉苦脸赚了钱来，愁眉苦脸活下去，却是为什么呢？”

今天我们有很多人，一边抱怨着工作不称意，一边为了这份薪水愁眉苦脸地做事。就算看得明白，也没有张茂渊的这份勇气。

有一个时期她在无线电台上报告新闻，诵读社论，每天工作半小时。她感慨地说：“我每天说半个钟头没意思的话，可以拿好几万的薪水；我一天到晚说着有意思的话，却拿不到一个钱。”

她批评一个胆小的人期期艾艾的演说：“人家唾珠咳玉，他是珠玉卡住了喉咙。”

……

她手里卖掉过许多珠宝，只有一块淡红的披霞，还留到现在，因为欠好的缘故。战前拿去估价，店里出她十块钱，她没有卖。每隔些时，她总把它拿出来看看，这里比比，那里比比，总想把它派点用场，结果又还是收了起来。青绿丝线穿着的一块宝石，冻疮肿到一个程度就有那样的淡紫色的半透明。衬上挂着做个装饰品罢，衬着什么底子都不好看。放在同样的颜色上，倒是不错，可是看不见，等于没有了。放在白的上，那比较出色了，可是白的也显得脏相了。还是放在黑缎子上面顶相宜——可是为那黑色衣服的本身着想，不放，又还要更好些。

……

姑姑叹了口气，说："看着这块披霞，使人觉得生命没有意义。"

张茂渊对职业、对人生都有着超出常人的智慧，似乎比常人要看得清楚明白些。正因为有这样一种洞察力，才使得张茂渊比很多人都过得自在、轻松。

我爱与不爱，都和你无关

张茂渊的婚姻，是坊间极力煽情的一个段子。就是说这个七十八岁才把自己嫁掉的老小姐，一辈子痴情等待，就为了等那个叫李开弟的男人。

据说张茂渊年轻的时候在前往英国的轮船上，邂逅了一位名叫李开弟的青年才俊。男才女貌的两个人自然而然地相爱了，可惜李开弟早有婚约在身，后来者要么登堂入室，要么就只有苦等的命了。也有人说两人分手的根本原因是李开弟作为激进青年，不能接受张茂渊是“卖国贼”李鸿章的后代。

后一种说法似乎有点影子可寻。当年张爱玲向姑姑追问祖父祖母的事情时，张茂渊的反应颇值得玩味。

“问这些干什么？”我姑姑说，“现在不兴这些了。我们是叫没办法，都受够了，”她声音一低，近于喃喃自语，随又换回平常的声口，“到了你们这一代，该往前看了。”

是什么委屈难叙的事情，让这个爽快独立的女子这样欲言又止？

1928 年，张茂渊留洋回来，这时她也就二十六七岁，正值婚嫁年龄。可是这个张家大小姐，在适婚时期却没有看上一个能把自己嫁出去的男人。

你看张茂渊对工作谋职的挑剔，对人生清晰的明白，你就懂得她为什么始终嫁不出去。其实不是找不到人娶她，而是她找不到合适的人嫁。找个心里糊涂混沌的男人，过着混沌糊涂的日子，这怎么是张茂渊能够接受的生活呢？

所以，她宁可不嫁，也不要一个不情不愿、愁眉苦脸的婚姻。

看了张爱玲的《小团圆》，才知道这个姑姑在年轻时也有好几个喜欢的人。可惜，这些人虽然适合，却都在不合适的时间出现。所以，张茂渊虽然也爱了，但是最终没有步入婚姻的殿堂。

当张爱玲准备与胡兰成结婚后，张茂渊得意地笑道："大报小报一齐报道。——我最气说跟我住住就不想结婚了。这话奇怪不奇怪？"

张茂渊苦等五十多年，就为了嫁给李开弟。这样的说法看似痴情，其实却不无残忍。等什么呢？专等李开弟的老婆死吗？难道纯情痴恋的背后，就是残忍不堪的现实？

或许，在张茂渊的一生中，李开弟始终是有一个位置的。但也没有夸张到让张茂渊像王宝钏一样寒窑苦守。王宝钏的这种等待，更像一种信仰。你说，王宝钏有多爱薛平贵？对一个自己并不了解的男人，从哪里来的爱？

张茂渊绝不似王宝钏。五十多年的独身中，她乐于享受自在的人生，乐于接受新的男人，乐于体验生活的各种滋味。

当年，张爱玲赴港读书，她委托李开弟照顾张爱玲。看来，两人虽然劳燕分飞，但李开弟并没有成为她心中的痛。至少她没有因为曾经的爱，对这个男人产生恨。反而，她能够自如对待，把李开弟当成朋友，把自己的侄女托付给他。当然，或者这个朋友还是有点不一样，多了一些诸如亲人般的信任和要求。

然而，这些都是后人附会的。当年，两个人之间到底发生了怎样的故事，还是只有他们自己才清楚。抑或作为当事人，他们也未必看得明了这段感情。但可以肯定的是，两个人都没有停留在原地，为了这份暂时有个了断的恋情寻死寻活，就算是心里深埋情愫也罢，仍然按部就班地让人生一如既往地前行。不知道这是爱的洒脱，还是爱的无奈。

1979年，李开弟的老婆去世后，李开弟和张茂渊在上海登记结婚。张茂渊实年七十八岁。当时，很多人都不理解张茂渊这一行为，都这么大的年纪了，还结个什么婚呢？

然而这个一辈子爽快清醒的女人，完全不顾别人的议论，就像当年找不到合心的人就是不结婚一样，七十八岁的高龄，仍然依顺自己的内心。只要条件允许，就去接受，就去爱。

如果李开弟的老婆不先退局，余下的两个人就没有在一起的可能。但是我想，依照张茂渊的个性，就算是这辈子没有可能与李开弟在一起，她也不会以泪洗面。不过，在清冷的夜里，遥想当年轮船上那个笑容温暖的年轻男子，心里除了温暖的回忆，会不会还有苦涩的遗憾。再独立乐观的女人，想着远在天边自己所爱的男人，为他人夫为他人父，心里也会有幽微的、不易被人察觉的叹息。

请速来函，以慰老怀

1952年，张爱玲离开上海去香港。离开之时，大陆的政治风气已使张爱玲似惊弓之鸟。为了避免不必要的麻烦，两个人约定从此不通音讯。直到20世纪80年代，张茂渊惊喜地在报纸上看到有人以肯定的口吻品论张爱玲的作品，才辗转找到张爱玲的地址，写信告诉她：春天似乎要来临了。1985年，张爱玲屡次搬家，两人再次失去联系。直到1987年年初，张茂渊才从柯灵处得到宋淇的地址。立即发了一封信，信中说：希望先生转告她急速来函，以慰老怀。张姓方面的亲人，唯有爱玲一人。

其实，当时张子静也在上海，张家不少亲戚也在上海。他们家族旁支杂多，当年张茂渊与张爱玲的妈妈黄素琼出国留洋，在国外两人最常说的一句话就是：不要往那边看，那个人好像是我们的亲戚。但张茂渊独独对这个侄女情深义重。

1990年，台湾省的《中国时报》创报四十周年，第十三届“时报文学奖”扩大举行。报社方面邀请张爱玲重返台湾，担任“时报文学奖”的决审评委，并提出，等会议结束后，将陪她去上海探望姑姑，一切费用由报社承担。七月一日，张爱玲回信了。

从您信上知道时报今年的文学奖更比往年隆重有意义，我如果能参与评判，当然感到荣幸。但是庄信正先生推荐我，我觉得很意外，因为我给他写信总是不断地抱怨来日苦短，时间不够用，实在没办法，只好省在自己朋友身上了，所以全都久疏音问。我去过的地方太少，如果有功夫旅行，去过的就不再去了。

言下之意是，台湾不想来，上海也不想去。那一年张爱玲七十岁，张茂渊八十九岁。

这姑侄俩生活在上海时相依为命，感情素来深厚。遗憾的是，自从 1952 年始，两个人就再没有见过面。张爱玲晚年不愿回上海，旁人或许能给她列出若干理由，但照这两个张家女人的个性，不愿意回就是不愿意回，哪还有那么多理由。茫茫人世间，如果什么事情都要照顾观者的情绪，哪还能保持自我的世界。我想，张茂渊虽然遗憾没有再见到张爱玲，但应该是理解并懂得张爱玲的所作所为的。

1991 年，张茂渊在上海病逝，享年九十岁。

两个人的 56 年

上海月份牌美女。生命就是一袭华美的袍，可惜爬满了蚤子。

与炎樱年少时相逢

1939年，在上海的码头上，一艘轮船正准备起程前往香港。那天，空气潮湿，雾气蒙蒙。一切掩映在朦胧中，反而不那么真实。高大的船桅，喷气的烟囱，甲板上挥手说再见的人，一切都像拍电影的道具。

脚夫们行色匆匆，舢板上挤满了人。各人有各人的心态，有的人拿着票急急地往上赶生怕错过这趟船，有的人站在码头只顾埋头抹泪迟迟不上船，还有的人待脚夫把行李送到船舱后又兴奋地跑出来站在甲板上大声地与船下的家人分享自己新奇的所见。

送别是一个热闹的场面，抛开那点伤心不算，在这样一个隆重的场合，送与被送的双方，其实都透着表演和极力呼应的疲惫。如果碰上晚点出发，还得多待在一起，那么不谈离别谈点其他话题，反而觉得轻松愉快。大家会透着热乎劲呱呱而谈，只有在汽笛声响的那一刻，在离开的那个人跳上去的时候，大家才慌慌张张地向远行的人交代若干注意事项。也不管听见没听见，一个大声地说，一个大声地应，直到看不见身影，似乎这样心里才踏实。

送别仪式一结束，各人该干吗就干吗去了。身影刚走，留下的人相互说的第一句话可能就是“中午准备吃什么”。而远行之人，早就和邻座的人聊开了。

送别往往被艺术化为离愁别恨，实际生活中却透着幽默和不为人约束的快乐。送别，还透着那么点期待和喜悦。是啊，没有送别，哪有相聚?

对于年轻女孩来说，要离开家这么远，到一个未知陌生的地方去，原本应该担心害怕、犹豫不决。但是，这个家里的女人，在社会大变革来临之际，就已经勇敢地迈出家门、跨出国门了，就算是有一双小脚，也阻止不了她们探索世界的决心，阻止不了她们追求新生活的渴望。

想着自己的母亲在阿尔卑斯山勇敢又神气的滑雪照片，想着姑姑在英伦湖畔如梦如烟的画面，想着前方有着一个自由、多彩的世界，张爱玲比任何时候都渴望离开上海。

由于战事，牛津大学去不了了，转道香港，入香港大学。冥冥之中的命运安排，或许幸而去了香港，几年以后才会有那么一本写给上海人看的香港传奇。

轮船一会儿就要开了。轮船下另一个女孩子也在同家人告别。因为两个女孩子的补课老师为同一个英国人，这个老师介绍她们俩一块走。张爱玲的妈妈极力敷衍，重托这个女孩子照应张爱玲。瘦瘦高高的张爱玲看着眼前这个有着标志面孔的微微胖的女孩子，这个混血的锡兰女孩也好奇地盯着张爱玲看。

船还没有到香港，两个女孩子就成了好朋友。此后，两个人形影不离，直至张爱玲定居美国。后来张爱玲深居简出，这个女孩也一直与她保持联系。可以说，在张爱玲的一生中，与她交情最久、私交最好的人就是这个从上海去港大的混血女孩。这个女孩的中文名字是张爱玲取的，叫炎樱。

香港的同学少年

大学生活本来应该是结交人最多，与人交情最广，最轻松愉快的。但是在港大的三年，张爱玲似乎是圈外之人，与同学几乎没有什么交情。唯独对炎樱，情同手足。发奋读书之余，偶尔出门看电影、逛街、买零食，做伴的都是炎樱。放假回上海时，两个人往往也结伴而行。有一年放暑假，炎樱没有等张爱玲就回家了。结果落了单的张爱玲伤心失意，哭得不可开交。

有共同爱好的人，很容易成为好朋友。两个女孩子喜欢艳丽新奇的服饰，喜欢看电影，喜欢画画，喜欢一切新奇的事物，就连吃零食的口味都差不多。

周末她常与炎樱坐在马路边铁栏杆上谈天。香港山势起伏、高低错落，两脚悬空就荡在树梢头，树上有一球一球珍珠兰似的小白花，时而有香气浮上来。

下了几天的春雨，“满山两种红色的杜鹃花簌簌落个不停，虾红与紫桃色，地下都铺满了，还是一棵棵的满树粉红花。天晴了，山外四周站着蓝色的海，地平线高过半空。”张爱玲看着炎樱金棕色的小圆脸，那印度眼睛像黑色的太阳。她有时候说：“让我揿一揿你的鼻子。”炎樱纳闷地问：“干什么？”但还是送上来。

在港大，有一个俄国先生看到张爱玲画的一幅炎樱单穿一件衬裙的肖像，愿意出五元港币购买。香港沦陷期间，张爱玲画了很多画，都由炎樱着色。两人陶醉其间，完全忘却了身边连天的战火。有一幅画，张爱玲特别喜欢，全是不同的蓝和绿，使人联想到“沧海月明珠有泪，蓝田日暖玉生烟”的诗句。

课余之时，两人坐着巴士沿着山路，蜿蜒陡峭而下，到市中心找冰淇淋吃。看着野火花似的红色藤蔓，泼辣地开一路。远处是海浪拍打海岸的声音，一声连着一声不紧不慢，闻到的是海气、水汽、潮气。汽车快快地穿梭，想着一会儿就可以坐在窗明几净的咖啡店，点一份奶油冰淇淋、来一份松软香甜的奶油蛋糕。这些甜而腻的食品，都是张爱玲的最爱。

我和老年人一样的爱吃甜的烂的。一切脆薄爽口的，如腌菜、酱萝卜、蛤蟆酥，都不喜欢，瓜子也不会嗑，细致些的菜如鱼虾完全不会吃，是一个最安分的“肉食者”。

张爱玲的弟弟张子静也回忆道：“姐姐喜爱吃的菜肴和零食，大多是甜的。我们到外面去，她定要买紫雪糕和爆玉米花。在家里，她爱吃有个老女仆做的山芋糖。”从小她就喜欢吃这种甜、软、腻的食品，“八岁我要梳爱司头，十岁我要穿高跟鞋，十六岁我可以吃粽子汤团，吃一切难于消化的东西。”后来，在美国张爱玲还写了一篇文章《谈吃》。文章一出，读者都大吃一惊。原本他们都认为写出那些胡琴咿呀啊的古旧故事的张爱玲小姐，应该不食人间烟火才对。没想到，张爱玲对吃很有自己的一套，且谈起吃来津津乐道。

战争开始的时候，港大的学生大都乐得欢蹦乱跳，因为十二月八日正是大考的第一天，平白地免考是千载难逢的盛世。

1920年，日本人进攻香港，围城十八天。港大停止办公，异乡的学生被迫离开宿舍，不参加守城工作，就无法解决膳宿问题。因此一大批学生到防空总部去报名，还有一些男同学参加了志愿军。

《烬余录》里面，张爱玲将一班男男女女的同学嘲讽挖苦了一番。

时代的车轰轰地往前开。我们坐在车上，经过的也许不过是几条熟悉的街衢，可是在漫天的火光中也自惊心动魄。就可惜我们只顾忙着在一瞥即逝的店铺的橱窗里找寻我们自己的影子——我们只

看见自己的脸，苍白，渺小；我们的自私与空虚，我们恬不知耻的愚蠢——谁都像我们一样，然而我们每人都是孤独的。

唯独对炎樱，全是好话。

同学里只有炎樱胆大，冒死上城去看电影——看的是五彩卡通——回宿舍后又独自在楼上洗澡，流弹打碎了浴室的玻璃窗，她还在盆里从容地泼水唱歌，舍监听见歌声，大大地发怒了。她的不在乎仿佛是对众人的恐怖的一种讽嘲。

炎樱永远都是快乐的，从没有世界末日感。日本人占领香港后，张爱玲跟炎樱去银行。她有十三块钱，全提了出来。她们要买船票回上海。“留两块，不然你存折没有了。”炎樱说。当时张爱玲就很惊讶：“还要存折干什么？”

上城一趟，不免又去顺便买布。中环后街，倾斜的石板路越爬越高。战后布摊子特别多，人也特别挤，一匹匹桃红葱绿映着高处的蓝天，像山城的集市。炎樱讨价还价，不亦乐乎。

照炎樱的观点来说，“身边的事比世界大事要紧，因为画图远近大小的比例，窗台上的瓶花比窗外的群众场面大。”

关于香港的这场战争，张爱玲说，它对自己有切身的、剧烈的影响。日本人攻城前，港大的老师们为了不让学校的资料落入日军之手，放了一把火，把所有的学生资料全部烧毁。其中包括最让张爱玲引以为豪的成绩单。原本计划拿了两个奖学金后，毕业时就能直接保送牛津大学的张爱玲，没想到一场战争下来，大多数人的命运连同自己全部因此改变。

回到上海大世界

1942 年下半年，世界格局正在急剧变化，港大仍受战火的影响，不能复课。张爱玲与炎樱选择离开香港，回上海去。

这次海面上，再没有那种色彩迷离、冲撞梦幻的景象了，眼前的海域上，更多的是战船兵舰。海水在炮弹的作用下，也变得黄浊青黑，映衬着落日的残红，显得破败、残酷。

香港是没法待了。虽然港大三年的苦读似竹篮打水，了无痕迹，但正因为年轻，张爱玲并没有过多地沉浸在悲观失意中。天高海阔，前方的路还长。年轻气盛，已经让她有足够的勇气和胆量面对前途未卜的上海。在轮船上，她同炎樱谈论着那里的摩登世界，想象着自己将要成就一番事业。对于未知的一切，她摩拳擦掌有着莫名的兴奋。虽然大幕提前拉开，但经过香港三年的历练，张爱玲跃跃欲试，因为这个舞台是让她感到亲切又刺激的上海。

那时的上海是国际性的大都市，是东方的巴黎，岂非香港可比。相比之下，香港只是个殖民地的边陲小镇。九岁时来到上海，亲临这里的摩登、洋派，虽然期间有十年的寒窗苦读，张爱玲所喜欢的上海的一切，仍然像跑马地的霓虹灯和喧闹声一样，隔着高墙，倾泻出来。耳朵听着、眼里看着、心里体会着，这上海让她着迷的一切。

与表姐表妹们，在霞飞路逛街，看着自己的倒影映衬到玻璃橱窗里面好看时髦的衣服上。拉着父亲的手，去买自己最喜欢吃的奶油蛋糕。滚在家里的狼皮褥子上笑痛肚子地看着一个胖伯母与自己的母亲演好莱坞肥皂剧。就算是坐在伟达饭店里面沉默地看书，也是上海式的。

这次回到上海，自食其力，原来要尴尬地向母亲、父亲要钱才能买到、欣赏到的东西，通过自己的才华，一切都尽在眼前。这一切自然变得更有魅力了。

虹口租界的日本衣料店里，料子卷成圆柱形，要看完整的图案，得让店伙计一卷一卷慢慢地打开。日本花布，一件就是一幅图画。买回家来，没交给裁缝之前她总要几次三番拿出来鉴赏。

棕榈树的叶子半掩着缅甸的小庙，雨纷纷的，在红棕色的热带；初夏的池塘，水上结了一层绿膜，漂着浮萍和断梗的紫的白的丁香，仿佛应当填入“哀江南”的小令里；还有一件，题材是“雨中花”，白底子上，阴戚的紫色的大花，水滴滴的。

还有一件是看了没买成的。

有一种橄榄绿的暗色绸，上面掠过大的黑影，满蓄着风雷。还有一种丝质的日本料子，淡湖色，闪着木纹、水纹；每隔一段路，水上漂着两朵茶碗大的梅花，铁画银钩，像中世纪礼拜堂里的五彩玻璃窗画，红玻璃上嵌着沉重的铁质沿边。

逛这样的店，有一个志同道合的女朋友陪着，更是愉快。炎樱与张爱玲一样，都喜欢服装。两人曾合计着要开一个服装店，做出引领上海时尚的服饰。炎樱曾经突发奇想，设计出一款衣服，各人一套，衣服前面都写一句联语，走在街上碰了面会合在一起，上下联就成了对。也只有这样的人，才能欣赏张爱玲那些“老祖母”的奇装异服；才能拿着自己的小相机与张爱玲在屋顶阳台上拍下那些充满自恋色彩的照片。

人是因为机智而可爱

炎樱也喜欢画画。除了张爱玲提到的，在港大时她们一个勾图，一个着色外，炎樱还为《传奇》及其增订本设计了封面。张爱玲说她“为那强有力的美丽的图案所震撼，心甘情愿地像描红一样地一笔一笔临摹了一遍。”而那个晚清时装仕女图的增订本的封面，张爱玲形容它有着“古墓的清凉”。这两个封面，直到今天来欣赏，仍让人无限遐想。其精巧的设计，与图书的内容配合得天衣无缝。看着现在所有关于张爱玲的图书，还真的没有一个封面像炎樱的设计这样有个性，有风格。

张爱玲平时拘谨、少言，显得老成持重。唯有与炎樱在一起，她与自己年龄相称的那一面才显露出来，整个人也显得放松、自在。两个人在一起时，更像小女生一样，充满乐趣。特别是陪伴自己的这个女朋友，风趣幽默又自由自在。

炎樱在报摊上翻阅画报，统统翻遍之后，一本也没买。报贩讽刺地说：“谢谢你！”炎樱答道：“不要客气。”

我想，这个时候，站在一旁的张爱玲肯定放开大笑起来。

炎樱买东西，付账的时候总要抹掉一些零头，甚至于在虹口，犹太人的商店里，她也这样做。她把皮包的内兜底掏出来，说："你看，没有了，真的，全在这儿了。还多下二十块钱，我们还要吃茶去呢。专为吃茶来的，原没有想到要买东西，后来看见你们这儿的货色实在好……"

结果店老板被她的孩子气打动，给她抹去了零头。

一旁的张爱玲忍住笑，也装出可怜的样子。两个人刚拐一个弯，看不到那家店时，张爱玲一定会扑哧一声笑出来。

有一个女同学说，我是孤独的。炎樱马上接，你孤独地同一个男人待在一起。惹得一旁的张爱玲哈哈大笑。

张爱玲看到过马路的红绿灯，觉得好看。炎樱说，摘下来戴在头上吧。

关于加拿大的一胎五孩，炎樱说："一加一等于二，但是在加拿大，一加一等于五。"

炎樱的我行我素除了在战时表现得镇静之外，在作文本上也显露出来。

中国人有这句话："三个臭皮匠，凑成一个诸葛亮。"西方有一句相仿佛的谚语："两个头总比一个头好。"炎樱说："两个头总比一个好——在枕头上。"她这句话是写在作文里面的，看卷子的教授是教堂的神父。她这种大胆，任何以大胆著名的作家恐怕也望尘莫及。

炎樱这些不假思索的聪明、机智，正是张爱玲欣赏的。她不仅帮炎樱记录下来，还希望读者们一起欣赏。《炎樱语录》《双声》都是这样的篇章。《我看苏青》《吉利》《气短情长及其他》等篇幅，也频频提到炎樱。

凡是公众场合，张爱玲几乎都要叫上炎樱做伴。炎樱也乐意做张爱玲的"保护人"。纳凉会上，李香兰被媒体围住，张爱玲似乎被冷落。当有人向张爱玲提问时，张爱玲还在思索，炎樱立即为她制造气氛圆场。只听炎樱响亮地说："可以听得见她的脑筋在轧轧转动。"言毕，还用手做出姿势。《传奇》座谈会上，有人说张爱玲的作品整篇不如局部，单个句子又更见其好。炎樱又替张爱玲辩解道："她的作品像一条流水，是无可分的，应该从整个来看，不过读的人是一勺一勺地吸收而已。"或许，不习惯公众场合讲话的张爱玲，正需要这样一个人，说她不便说的话。

炎樱热情大胆好热闹的性格，恰好是张爱玲冷漠好静的有益补充。炎樱似乎毫无心机的言行，也与张爱玲的矜持形成反差。身形上，一个矮一点胖一点，另一个高一些瘦一点。虽然两人性格判若霄壤，张爱玲却喜欢与炎樱在一起。炎樱之于张爱玲，比张爱玲之于炎樱更重要。在张爱玲看来，或许炎樱就是另一个自己，可以说自己不能说的话，做自己不能做的事。

想想，这样两个女孩，一起忙着新书的出版，为封面、为书中选用的照片反复商议；一起逛商店，欣赏好看的衣料，设计服装款式，筹划开时装店；一起去茶室买好吃的奶油松饼和栗子粉蛋糕，走很远的路只为喝一杯咖啡；一起向商贩讨价还价；又为谁该送谁回家、谁该付多少钱争论不已。无论做什么事情，总是兴兴头头，开心有趣。就算张爱玲与胡兰成热恋时，胡也觉得与她们两人相处时，自己笨拙多余。由此也可想见张爱玲与炎樱聚到一处时，总有说不完的话，总有她们自己觉得可笑有趣的事情。

我要是个男人就好了，给你省了多少事

两个人好到什么程度了？从炎樱对张爱玲与胡兰成谈恋爱的态度可见一斑。公共汽车上，张爱玲拣她们一只手吊在公共汽车的皮圈上时轻快地说自己爱上了有妇之夫胡兰成，不给炎樱发作的机会。炎樱听了气愤地说："第一个突破你的防御的人！你一点女性本能的手腕也没有！"大有恨铁不成钢之意。随即又笑道："我要是个男人就好了，给你省了多少事。"同性只有好到一定的程度，才会对对方择偶一事评头论足吧！

炎樱不谙中文，中国话说不了几句，汉字也认识不了几个。因为在完全不同的背景下长大，她对中国的一切充满好奇。

她跑到苏州听评弹，居然听得津津有味。

在马路上走着，一看见店铺招牌，大幅广告，她便停住脚来研究，随即高声读出来："大什么昌。老什么什么。'表'我认得，'飞'我认得——你说'鸣'是鸟唱歌；但是'表飞鸣'是什么意思？'咖啡'的'咖'是什么意思？"

炎樱也颇有做作家的意思。除了积极学习中文，还曾将自己的随感和身边趣事写下来。不会中文不打紧，张爱玲欣然效劳。她将炎樱好几篇小文，《死歌》《女装、女色》《浪子与善女人》由英文翻译成中文，替她在《天地》《苦竹》等杂志上发表。

炎樱文中自然少不了要提到张爱玲。她在《浪子与善女人》中写到张爱玲成名后，她们上街就不如原来随意自在了。在街上走着，就有一群女学生跟在后面喊着张爱玲的名字。颇像现在明星出行，后面有若干粉丝的架势。更有一次，一个外国绅士尾随其后，慌张自喃着。炎樱差点掏钱出来，把别人当成乞丐。原来人家嗫嚅着是想请张爱玲在他的杂志上签名。

炎樱行文俏皮机智，快言快语。与张爱玲情趣相投，加上张爱玲的翻译，文风上随处可见张爱玲的影子。她谈艺术、谈女人、谈服饰，幽默犀利竟不下张爱玲。

从前有许多疯狂的事现在都不便做了，譬如我们喜欢某一个店的栗子粉蛋糕，一个店的奶油松饼，另一家的咖啡，就不能买了糕和饼带到咖啡店去吃，因为要被认出，我们也不愿人家想着我们是太古怪或是这么小气地逃避捐税，所以至多只能吃着蛋糕，幻想着饼和咖啡；然后吃着饼，回忆到蛋糕，做着咖啡的梦；最后一面啜着咖啡，一面冥想着蛋糕与饼。

《无花果》里面谈到“中国女人在男子大众的眼光里是完结得特别快”，反对将女人形容为花，认为她所见到的女人多是无花果。“花与果同时绽开了，果实精神饱满，果实里的花却是压缩的，扭曲的，都认不出是花了。”

关于苏青的衣着，炎樱说：“线条简单的于她最相宜。”

把大衣的翻领首先去掉，装饰性的裥也去掉，方形的大口袋也去掉，肩头过度的垫高也减掉。最后，前面的一排大纽扣也要去掉，改装暗扣。

她们一起谈天说地，从男女私情谈到服饰文化，从东西差异到圣诞会上的游戏、相熟的某一个人。

也许因为她们相识时只有十八九

岁，相互间更容易交心、知心。这份少女的美好情谊一直存在于两个人间。大陆解放前后，张爱玲和炎樱相继离开。后来又在美国碰面。张爱玲初到美国投身的救世军收容所，也是炎樱帮她联系的。

其间，张爱玲在美国完成了《同学少年都不贱》。文中描述的两个中学时代的女孩子，成年后各自迥然的命运，及其人情冷暖。不知道这个故事，是不是她与炎樱后面人生的写照。

1995 年 8 月炎樱在纽约去世。9 月，张爱玲在洛杉矶租住的公寓内去世。

时隔两人认识的那个轮船起航的 1939 年，从两小无猜，到同学少年都不贱，再到最后的殊途同归，正好 56 年。

这个男人不能爱

早期的静安寺一景。

2011 年 9 月 12 日，八月十五。我在短信上看到一句话：明月常在，现世安康。突然又想起张爱玲，想起她急声责问胡兰成：你不是答应要给我岁月静好、现世安稳吗？

人生的快乐就在那一撒把

我记得儿时一次踏青归来，哥哥骑着自行车驮着我冲在前面。正逢一段陡峭的下坡路，他居然两手脱把加速往下冲。我吓得紧闭双眼死抱住他，不断央求他停下来，可哥哥非但没减速，反而按着车铃越骑越快。终于，在坡底他停下来。自行车撂在地上，车龙头都快散架，车轮子似乎都在冒烟。我气得脸色发绿，一边搂着自己发麻的屁股，一边狂甩耳朵想把他一路刺激的尖叫赶出去。

我打算这辈子都不再理他。可一扭头，看到的却是哥哥喜悦兴奋自豪的、热得流汗发红的小脸。

那时，坐在自行车后，被山石子路硌得屁股生疼的我，是无法体会哥哥急速飞驰、纵情任意的快乐的。两手脱把，放肆一搏，这样的危险正因为刺激而尖锐快乐。

而人生有些快乐往往也与此相似，都在那一痛快的撒把上。

这个痛快是什么？就是剑走偏锋、快意江湖、义无反顾，一切跟着心走。任他世俗险恶，任他流言蜚语。什么命运中的“惘惘的威胁”，什么过去，什么将来，一切都抛到脑后，只要眼前这个人。

二十二岁还没谈过恋爱的九莉，觉得这一段时间与生命里无论什么别的事都不一样，恍如沉浸在金色的永生中，让她不顾一切，即使之雍被说是汉奸，即使他是有妇之夫……

这人就是——胡兰成。

1944 年 2 月 4 日，胡兰成来到上海静安寺路上的爱丁顿公寓。张爱玲的地址是他管苏青要的。苏青知道张爱玲等闲人不见，住处秘而不宣，只有极少的几个人知道。但胡兰成执意要。苏青迟疑了一阵终还是把张爱玲的地址写给他。

我也真佩服这个老男人，记忆力这么好？几十年后在台湾写下关于张爱玲的回忆时，仍然一字不落地铮铮写下：静安寺路赫德路口一九二公寓六楼六五室。我都有点怀疑，他是不是对于张爱玲的每一件事都刻意记忆，就盼着日后拿来得瑟混饭吃？

胡兰成拿着张爱玲的地址如获至宝，翌日登门拜访。张爱玲还是那一贯的作风，他自然吃了个闭门羹。与张爱玲曾有交往，后来因为发表了一篇《论胡兰成论张爱玲》的游戏文章，以“幽他一默”的姿态，把胡兰成和张爱玲都大大地调侃了一场，终而和张爱玲闹翻了的潘柳黛，生动地描画过张爱玲的孤介脾气：

如果她和你约定的是下午三点钟到她家里来，不巧你若时间没有把握准确，两点三刻就到了的话，那么即使她来为你应门，还是照样会把脸一板，对你说："张爱玲小姐现在不会客。"然后把门嘭的一声关上，就请你暂时尝一尝闭门羹的滋味。万一你迟到了，三点一刻才去呢，那她更会振振有词地告诉你说："张爱玲小组已经出去了。"

这次张爱玲不见胡兰成倒不是成心孤高，而是她本就是一个慎重的人。这份慎重其实就是她骨子里对人生的虔诚。所以每一件事她都得准备好了才行。衣服没有穿对，妆容没有画好，果盘没有摆好，让她看来，怎么见客？

她但凡做什么，都好像在承担一件大事，看她走路时的神情就非同小可，她是连拈一枚针，或开一个关头，也一脸理直气壮的正经。

你还真的不得不服胡兰成，他看她还是有独到之处。《今生今世》里面，他把张爱玲真真写得就是一个独一无二的张爱玲。

而那潘柳黛，若干年后，仅仅因为写过关于张爱玲的一两篇文章，才得以让人认识。据说张爱玲1952年到香港后，有人向她谈起潘，她还余怒未消地跟人说：潘柳黛是谁？我不认识她。也难怪她生气，潘柳黛之流无非就是得瑟点张爱玲的八卦混版面。

这次，张爱玲闭门不见。她仅从门洞里张望了一下这个男人，“眉眼很清秀，国语说得有点像湖南话”，遂让他留下名片。胡兰成是不带名片的，写下一纸条从门洞里递进去。

真是命运的巧合么？如果仅仅是一张印刷好的名片，我想张爱玲看着那冷冰冰的形式化的姓甚名谁，说不定随手一搁，哪还有这以后的惊涛骇浪。偏偏这个男人字如其人。说潇洒也好、飘逸也好、风流也好、轻浮也好，张爱玲有点着了他的道。

隔了一日，午饭后，张爱玲照着字条上的电话打去。电话一挂，人也随即来到。

此时张爱玲对胡兰成其人是略有所知的。《小团圆》中说，这个汪政府的官，在杂志上写了篇评论她的文章。这篇评论自然写得满目生花、天花乱坠，不过某些批评对于初入社会的张爱玲来说还是很中听的，觉得是知己。后来，听说他在南京下狱，同苏青去过一趟周佛海家。日后张爱玲说，这次“营救”就是“在做白日梦”。

当然，这些都是未曾谋面的类似知遇之恩的冲动。

低到尘埃

日后的伤痛，是从胡兰成在大西路上的美丽园开始的。

1944 年 2 月 6 日，俩人第一次见面。

胡兰成没有想到张爱玲的个子这么高，甚至比他都还高一点。而且“像十七八岁正在成长中，身体与衣裳彼此叛逆”。似乎“连女学生的成熟亦没有”，更不像个作家。一点都不世故，也不会应酬，反而像没见过世面只管一言不发。

胡兰成禁不住在张爱玲面前得瑟卖弄，“向她批评今日流行作品，又说她的文章好在哪里，还讲我在南京的事情……”“而且问她每月写稿的收入……”

但凡在陌生的环境张爱玲都是怯场的。只不过有时她的这种怯场表现出来的是理直气壮的沉默。因而碰到这个夸夸其谈的演讲者，她乐于当听众。人说她听，她便感到自在。

这一听，就是五个小时。事后有人说这漫长的五个小时，使双方都有了恋恋之意。我倒觉得面对口沫横飞的胡兰成，不惯于应酬的张爱玲曾想告退又不知如何不着痕迹地告退，只得耐着性子听下去。好在，作为作家的她，也一贯有向生活取材的好奇。

后来，胡兰成送她到弄堂口。两个人并肩走。胡兰成说："你的身材这样高，这怎么可以？"张爱玲很诧异，几乎要起反感。初次见面，这样的问话唐突又轻浮。何曾有哪个男人这样对她说过话？

从胡兰成事后对几个与他有关系的女子的回忆来看，他在没有经验的女子面前，惯有一种从容自信的撩拨伎俩，很有几分猫咪玩弄老鼠的自得。可惜，这个写了那么多婚姻、恋爱故事，把人事剖析得清晰明白的张大小姐，之前却没有过一次恋爱的经历。当她事后慢慢品味胡兰成这句话时，当别有一番滋味在心头。

胡兰成的撩拨其实是不带感情的，于他只是一种惯常的手段，中招的人服帖上来，他不会拒绝。面对有抵抗力的人，他自然悻悻，但也无可奈何。所幸他只是好色之徒，还没穷凶极恶。他说他喜欢两种人：一种是女人，一种是坏人。有时候真的很反感这个男人，看他满纸"亦"这里"亦"那里，"端然"这里"端然"那里，觉得做作。还有那些炫耀般地记下的与每个女人的恋情，真幸运他不是生于咱们这个年代，否则他会不会像那个"李局长"般也弄几本香艳日记出来？

日后当二人有了那么一层关系后，胡兰成回过头来看自己当年的这一句时，忍不住自赞"只这一声就把两人说得这样近，张爱玲很诧异，几乎要起反感了，但是真的非常好。"

第一次见面后，胡兰成对于张爱玲的惊奇诧异之意更多于爱慕之情。因为张爱玲这个人与他心目中对这个作家的猜想完全不同。不美、生怯、沉默，与她的才华横溢、流光溢彩的文章比起来，简直就不是一个人。张爱玲把他的既成概念统统打翻，单就这份惊异足以让他第二天巴巴地再度叩响张爱玲的大门。

这次，张爱玲在自家的客厅接见了这个乡下胡村来的胡姓男子——胡兰成。这么写，不是瞧不起胡村来的人。而是这个一直梦想飞黄腾达、跻身名流，特别爱标榜自己的男人，在张爱玲这里，受到了比第一次见面更大的震撼。自此，他巴巴地贴上来，张爱玲再也甩不脱他。

她房里竟是华贵到使我不安，那陈设与家具很简单，亦不见得很值钱，但竟是无价的，一种现代的新鲜明亮断乎是带刺激性。阳台外是全上海在天际云影日色里，底下电车当当地来去。张爱玲今天穿宝蓝绸袄裤，戴了嫩黄边框的眼镜，越显得脸儿像月亮。三国时东京最繁华，刘备到孙夫人房里竟然胆怯，张爱玲房里亦像这样的有兵气。

据说，偶尔有文化人到这里来一坐，也觉得“不可逼视”，不可久留。这回轮到胡兰成不安了。

不过，他倒是一坐坐很久，仍然是侃侃而谈。谈理论、谈自己的生平。张爱玲只管听。胡兰成又问了她祖父张佩纶与李鸿章的女儿李菊耦婚配的事情。

胡出身寒门，虽说做了汪伪的“高官”，也是一个破落暴发相。他管苏青要张爱玲地址的那天，苏青陪他上街吃蛋炒饭。从他吧唧吧唧扒饭中，苏青就说一看他的吃相就知道他是哪里来的。

就这样一个人，却想方设法地标榜自己。张爱玲祖上的光环于他而言，实在是太大的诱惑。她的家世令他惊羡，觉得自己靠近张爱玲脸上都有光。后来他逢别人夸耀门第时，便要抬出张爱玲的贵族出身来镇人，颇为自得。他还跑到南京专门去看过张爱玲祖上的老宅。当他故作追古忆今的姿态在那宅前流连时，心中可能正蹦跳着中奖的狂喜。连作为汉奸仓皇“逃难”时，还化名张嘉仪，冒充张佩纶的后人，使那些乡学之士说他家学渊博，对他另眼相看。

看来，张爱玲的这些祖祖辈辈他是吃定了。连张爱玲他都吃了一辈子。要不是因为有张爱玲，那本被推崇也好、被诟病也好、被当成隐私窥看也好的《今生今世》哪有这么多人搭理！

这次与张爱玲见面，谈话由浅及深，张爱玲在自己熟悉的环境下也放开自己，让自己的才智尽情奔泻。所以胡兰成会说：“但我使尽武器，还不及她的只是素手。”单这些就让胡兰成惊异之外更有惊喜。而当他谈到张爱玲祖父祖母的姻缘时，张爱玲把她祖母写的诗抄给胡兰成看，还说她祖母并不怎么会作诗，这一首应该是她祖父作的。张爱玲所言，更让胡兰成大跌眼镜，他巴巴羡慕的东西人家并不当回事儿。张爱玲这样破坏佳话，让这个喜欢也愿意制造佳话的老男人瞠目结舌。这会儿，胡兰成由惊异到惊喜再到惊羡，他对张爱玲生出了攀附爱慕之心。

回去后，胡兰成给张爱玲写了第一封信。此信写得颇似“五四”时代的新诗，“幼稚可笑”。张爱玲素不喜这种矫揉造作的新文艺腔，看后觉得诧异。但信中称张爱玲谦逊，“却道着了她”。

认识张爱玲的人恐怕没有一个人会说她谦逊，大家无外乎都觉得她冷漠孤傲。但是她却认为自己对人生对现世有一种虔诚，这也是她所理解的“谦逊”，她回信给胡兰成，就是那句日后广为流传，QQ 空间里面随便跳上来一个矫情的女生都要念叨的——“因为懂得，所以慈悲。”

“懂得”二字，在张爱玲这里非同小可，轻不许人。“解铃还须系铃人”，胡兰成就是她的“解人”了。

从此我每隔一天必去看她，才去看了她三四回，张爱玲突然很烦恼，而且凄凉。女子一爱了人，是会有这种委屈的。她送来一张字条，叫我不要再去看她，但我不觉得世上会有什么事冲犯，当日仍又去看她，而她见了我亦仍有欢喜。以后索性变得天天都去看她了。

胡兰成阅人既多，在男女之情上一贯自私、实用，为“利”而行。这个“利”，是利他自己的意思，根本不会为张爱玲设身处地。可能看着这种红遍上海滩的小作家纯情楚楚的可怜兮兮，他难免有猫捉老鼠的自得吧？

所以他当天又去看她，不解释不表白。于他，或许有继续“谈文学、谈人生、谈理想”的目的，但也不失为一种伎俩。这不言中，似乎就是一种证明。虽不明说，但张爱玲已全盘默许了他。

第二天，张爱玲把昨日胡兰成说起登在《天地》上的那张照片，取出给他。背后写有字：

见了他，她变得很低很低，低到尘埃里，但她心里是欢喜的，从尘埃里开出花来。

这也是今天关于张爱玲，转载、引用频率最高的一句“名人名言”。

关于这张照片，胡兰成在《今生今世》里面，有一段解释。胡兰成惯会说东指西，左右而言他。毫不相干的事情，他也要作高深莫测状捆绑在一起。看他的文字有时候看得人头晕，觉得这个男人真牛 X，真能瞎掰。照现在的话来说，就是他实在是太会忽悠人了。

纯情的少女，如果又是文学青年，完了，肯定吃他这一套。《小团圆》里张爱玲就写道：“她狂热的喜欢他这一向产量惊人的散文。”她也是直到看白他这个人，才解了套的。

她再看到之雍的著作，不欣赏了。是他从乡下来的长信中开始觉察的一种怪腔，她一看见“亦是好的”就要笑。读到小康小姐嫁了人是“不好”，一面笑，不禁皱眉，也像有时候看见国人思想还潮，使她骇笑道：“唉！怎么还这样？”

有凤来仪前世今生

胡兰成去南京，一个月里回上海一次，住上八九天，晨出夜归只看张爱玲。两人伴在房里，从人生到艺术、历史、戏文、琐事八卦无所不谈。谈得最多的还是文学艺术，古今中外，无所不谈。胡兰成说张爱玲“把现代西洋文学读得最多”。张爱玲常将萧伯纳、劳伦斯等人的作品讲给他听。胡没有喝过洋墨水，张的英文又极好，他自然是惊叹。两人还一同看画册、谈音乐，张爱玲都能娓娓道来、如数家珍。何况张从小学习美术和钢琴，这些淑女式的教养，都让胡兰成惊羡。

没想到论到他自以为是的中国古典文学，他竟也不是张爱玲的对手。

我认为中国古书上头我可以向她逞能，焉知亦是她强。两人并坐同看一本书，那书里的字句便像街上的行人只和她打招呼……

我们两人在一起时，只是说话说不完。在爱玲面前，我想说些什么都像生手拉胡琴，辛苦吃力，仍道不着正字眼，丝竹之音亦变为金石之声，自己着实懊恼烦乱，每每说了又改，改了又悔。

说胡兰成对张爱玲入了迷、着了魔，并不为过。他简直认为她无所不知，看她一切皆为好。“……只觉坐立不安，心里满满的，想要啸歌，想要说话，连那电灯儿都要笑我的。”俨然一个坠入情网的男子形象。

可是天下人要像我这样喜欢她，我亦没有见过。谁曾与张爱玲晤面说话，我都当它是件大事，想听听他们说她的人如何生得美，但他们竟连惯会的评头品足亦无。她的文章人人爱，好像看灯市，这亦不能不算是一种广大到相忘的知音，但我觉得他们总不起劲。我与他们一样面对着人世的美好，可是只有我惊动，要闻鸡起舞。

关于这段恋情，不得不依托胡兰成的《今生今世》，因为张爱玲一直对此讳莫如深。《今生今世》极度渲染自己的几段恋情，天花乱坠的笔法把每个女子都写得仙女一般，且对自己一往情深。虽是自言，但毕竟是当事人，总有几分是真的。后人只能从中去看究竟。

没想到，在两人去世后，一本《小团圆》石破天惊。虽然，这是一部小说，但谁都能看出这次张爱玲是以自己的人生为底版，写来的事情莫不可与当年的那些人那些事对号入座。绝大多数人，都把这本当年张爱玲犹豫要不要出版、最终在有生之年没有面世的书，当成张的自传来读。

他走后一烟灰盘的烟蒂，她都拣了起来，收在一只旧信封里。

时间变得悠长，无穷无尽，是个金色的沙漠，浩浩荡荡一无所有，只有嘹亮的音乐，过去未来重门洞开，永生大概只能是这样。

我总是高兴得像狂喜一样……

张爱玲比胡兰成小 15 岁，照理说俩人在一起，应该是她受对方影响更多。然而从张爱玲的人生观到审美趣味，我们都看不到胡兰成留下的一丝痕迹。事实恰好相反，倒是张爱玲对胡兰成影响至深。

她对我这样百依百顺，亦不因我的缘故改变她的主意。我时常发过一阵议论，随又想想不对，与她说："照你自己的样子就好，请不要受我的影响。"她笑道："你放心，我不依的还是不依，虽然不依，但我还是爱听。"她这个人呀，真真的像天道无亲。

当年胡兰成写《论张爱玲》，文风就有所变化。两人相识后，他效仿张爱玲对人对事的体悟方式，写下许多随笔。他那本个人“情感史”开篇序中说“《今生今世》是爱玲取的书名。”

我在爱玲这里，是重新看见了我自己与天地万物，现代中国与西洋可以只是一个海晏河清。《西游记》里唐僧取经，到得雷音了，渡河上船时艄公把他一推，险些儿掉下水去，定性看时，上游头淌下一个尸身来，他吃惊道，如何佛地亦有死人，行者答师父，那是你的业身，恭喜解脱了。我在爱玲这里亦有看见自己的尸身的惊。我若没有她，后来亦写不成《山河岁月》。

然而热恋中的张爱玲是快乐的。胡兰成锦心绣口、巧舌如簧，赞美张爱玲的话一箩筐一箩筐的。女子在恋爱时总是傻的，这次张爱玲也傻了一回。也不得不承认胡兰成的确聪明。不仅能听得懂张爱玲的话，还能将她的意思引申发挥。这样说起话来，熨帖舒坦，像张爱玲这么聪明的女子，当然欢喜。“独孤求败”有什么意思，还是有人懂得更幸福！

张爱玲也像小女生一样，热烈起来、顺从起来、娇美起来，与其他恋爱中的女子别无二样。

我爱看她穿那双绣花鞋子，是她去静安寺庙会买得的，鞋头连鞋帮绣有双凤，穿在她脚上，线条非常柔和。她知我欢喜，我每从南京回来，在房里她总穿这双鞋。

我与爱玲亦只是男女相悦，《子夜歌》里称“欢”，实在比称爱人好。两人坐在房里说话，她会只顾孜孜地看我，不胜之喜，说道：“你怎这样聪明，上海话是敲敲头顶，脚底板亦会响。”后来我亡命雁荡山时读到古人有一句话“君子如响”，不觉地笑了。她如此兀自欢喜得诧异起来，会只管问：“你的人是真的么？你和我这样在一起是真的么？”还必定要我回答……

她只管看着我，不胜之喜，用手指抚我的眉毛，说：“你的眉毛。”抚到眼睛，说：“你的眼睛。”抚到嘴上，说：“你的嘴。你嘴角这里的涡我喜欢。”

“你这个人嘎，我恨不得把你包包起，像个香袋儿，密密的针线缝缝好，放在衣箱里藏藏好。”

张爱玲后来在美国看到胡兰成的这本回忆录，写给夏志清的一封信里提到过一句。

胡兰成书中讲我的部分缠夹得奇怪，他也不至于老到这样。不知从哪里来的 quote 我姑姑的话，幸而她看不到，不然要气死了。后来来过许多信，我要是回信势必“出恶声”。

但无论怎样，两人当年还是热恋了。

两人出生不同、成长环境互异、经历悬殊、性情迥然，但又都擅长文学艺术。乍一相逢，简直像“……葱绿配桃红，是一种参差的对照”。这样的冲撞，简直就是一连串的刺激，让他们在惊异中有莫名的兴奋，有咂舌的喜悦。两人的关系从一开始就像在坐过山车，惊险又惊喜，独独不平实。

世人多知恶的东西往往有大威力，如云恶煞，会惊得人分开顶门骨，轰去魂魄，不知好的东西亦可以有大威力，它使人直见性命，亦有这样的惊。佛经里描写如来现相，世界起六种十八相震动，竟像是热核炸弹投下的震动。但恶煞的威是威吓，惊是惊怖，使人藐小，好的东西则威如祥麟威凤的威，惊是惊喜，使人飞扬。

胡兰成在《今生今世》中，抢先道出了这种感觉。

而张爱玲在《自己的文章》中的一段话，倒可以用来给两人的这段恋情当一个注脚。

壮烈只有力，没有美，似乎缺乏人性。悲壮则如大红大绿的配色，是一种强烈的对照。但它的刺激性还是大于启发性。苍凉之所以有更深长的回味，就因为它像葱绿配桃红，是一种参差的对照。我喜欢参差的对照的写法，因为它是较近事实的。

真是一语成谶。

本来在与胡兰成的关系上，张爱玲一直是“小三”身份。没想到“占上坑”的那位应英娣首先忍受不下去，一脚离开了胡兰成。这个应英娣是个歌女，年轻又美貌。或许她觉得留下来听胡兰成那种上天入地、东拉西扯的三美四美的言论，还不如自寻出路来得实际。

胡兰成在《今生今世》里面这样说：“但英娣竟与我离异。”这个“竟”字用得好生诧异。或许，风流才子、自负自喜的胡兰成，实在想不通会有女人舍得离开他。

是年胡兰成 38 岁，张爱玲 23 岁，写下婚书。幽默的是，这婚书只有一份。《小团圆》中这样描摹：

之雍……问她有没有笔砚，道："去买张婚书来好不好？"

她不喜欢这些秘密举行结婚仪式的事，觉得是自骗自。但是比比带她到四马路绣货店去买绒花，看见橱窗里有大红龙凤婚书，非常喜欢那条街的气氛，便独自出去了，乘电车到四马路，拣装裱与金色图案最古色古香的买了一张，这张最大。

之雍见了道："怎么只有一张？"

九莉怔了怔道："我不知道婚书有两张。"

她根本没想到婚书需要"各执一份"。那店员也没说。她不敢想他该做何感想——当然认为是非正式结合，写给女方作凭据的。旧式生意人厚道，也不去点穿她。剩下来那张不知道怎么办。

路远，也不能再去买，她已经累极了。

之雍一笑，只得磨墨提笔写道："邵之雍盛九莉签订终身，结为夫妇。岁月静好，现世安稳。"因道："我因为你不喜欢琴，所以不能用'琴瑟静好。'"又笑道："这里只好我的名字在你前面。"

两人签了字。只有一张，只好由她收了起来，太大，没处可搁，卷起来又没有丝带可系，只能压箱底，也从来没给人看过。

婚后，胡兰成这样说：

我们虽结了婚，亦仍像是没有结过婚。我不肯使她的生活有一点因我之故而改变。两人怎样亦做不像夫妻的样子，却依然一个是金童，一个是玉女。

他还是每次回上海就去她那里盘桓。在爱丁顿公寓六楼六五室，两人一起读书赏画论诗，煮酒谈笑，也一起去菜场，一同出席会议。用胡兰成的话说，他们是“同住同修，同缘同相，同见同知”。银钱上，两人各用各的。胡兰成只给过她一点钱，张爱玲拿去做了一件皮袄，天冷时鼻子摩擦在上面，像狗鼻子一样，有着冰凉的快乐。“因为世人都是丈夫给妻子钱用，她也要。”

用别人的钱，即使是父母的遗产，也不如用自己赚来的钱自由自在，良心上非常痛快。可是用丈夫的钱，如果爱他的话，那却是一种快乐，愿意想自己是吃他的饭，穿他的衣服。那是女人的传统权利，即使女人现在有了职业，还是舍不得放弃的。

日本人大势已去即将投降，胡兰成成日惶惶，如大祸临头。他知道届时等待着汪伪政府的也只有树倒猢狲散的命运。他觉得头两年里势必要改名换姓，躲起来。

爱玲道："那时你变姓名，可叫张牵，又或叫张招，天涯地角有我在牵你招你。"

胡兰成 PK 陈世美

1944 年 11 月，胡兰成到武汉，接《大楚报》。实际上是去创办一个军事学校，幻想以后在湖北搞一个大楚国。

汉阳医院有女护士六七人，其中有一个见习护士叫小周，才 17 岁。

我不觉得她有怎样美貌，却是见了她，当即浪花浮蕊都尽……

他对小周做起桃色梦。小周遂而坠入情网，并最终委身于他。胡兰成那种有意无意、暧昧撩拨，又是一坐能谈很久的“口技”再次所向披靡。

他本身就是到处留情的名士作风，这次就算没有小周，也会有其他“小王”“小李”“小赵”出来。他自称“憬然思省”，但思省一大通，既不认为自己做错，也不能自圆其说。对此他又是惯有的胡搅蛮缠的解释：男女相悦婚配，乃天经地义，天命难违，于他是无可奈何、身不由己。

真真个让人对他无语啊!

1945 年 3 月，胡兰成回到上海。

我与爱玲说起小周，却说的来不得要领。一夫一妻原是人伦之正，但亦每有好花开出墙外，我不曾想到要避嫌，爱玲这样小气，亦糊涂得不知道妒忌。

张爱玲哪是不嫉妒？这月出版的《天地》上有她的一篇《双声》，记她和炎樱的对谈，里面就说到妒忌。

随便什么女人，男人稍微提到，说声好，听着总有点难过，不能每一趟都发脾气。而且发惯了脾气，他什么都不对你说了，就说不相干的，也存着戒心，弄得没有可谈的了。我想还是忍着的好。脾气是越纵容脾气越大。忍忍就好了。

同时她也告诉胡兰成，有一个外国人想“包养”她。胡兰成听了不快，也是因张爱玲说这件事时竟没有一点反感。胡兰成回忆这一段时，又用了一个“竟”字。似乎这世上只有他做的事情，才是天地常情。天地迢迢，总能为他的所作所为找到理由。而别人的一切，只要与他有所出入，就都是常理不容的。

张爱玲为什么偏偏要在胡说了小周之事后给他说这件事情？一方面或许她觉得这事没有必要避嫌，一方面或许也是心痛之时甩出来的一件武器。你让我心痛了，我也让你尝尝心痛的滋味。

九莉坐在窗口书桌前，窗外就是阳台，听见之雍问比比：“一个人能同时爱两个人吗？”窗外天色突然黑了下来，也都没听见比比有没有回答。大概没有认真回答，也甚至当是说她，在跟她调情。

比比去后，九莉微笑道：“你刚才说一个人能不能同时爱两个人，我好像忽然天黑了下来。”

这才是张爱玲内心的真实感受。

而胡兰成是“初听不快，随亦洒然”。

这件事情，张爱玲并没有和他深究，或许她更想珍惜相聚的短暂时光，两人表面上还是一如既往。

同年5月，胡兰成再次回到汉阳。

飞机场下来，暮色里汉口的阛阓炊烟，是我觉得真是归来了。当下我竟是归心如箭，急急渡过汉水……

离开张爱玲时，倒看不出他有这样的离愁别绪。显然此时他的情感更多地倾向汉阳。

此后，他与小周谈婚事，称谓也不叫“小周”，改叫“训德”了。

我因为与爱玲亦且尚未举行仪式，与小周不可越先，且亦顾虑时局变动，不可牵累小周。这事其实难安排，可是我亦不烦恼。

在他心里，一妻一妾的格局已经安排好。他的“难安排”也仅是技术层面上的，心里面他还是自负自喜，觉得一切顺心。

胡兰成大周训德二十二岁，他教小周读唐诗读乐府，似乎在提前享受中国读书人老来喜教姨太太读书的嗜好。小周给他一张照片，胡要她题字，小周毕竟不是张爱玲，自己原创不出来，遂题了前日读过的隋乐府诗。

春江水沉沉，上有双竹林。

竹叶坏水色，郎亦坏人心。

真真一个似嗔似喜娇媚乖巧。胡兰成对于张爱玲更多的是仰慕她"横绝四海"的艳，爱她艳中的石破天惊。对于小周，他喜欢她少女的本色天真，喜欢看她淘气、撒娇、负气，更喜欢她崇拜他，为他洗衣、熬药，伺候一旁。

单这一点上，张爱玲就败给了小周。仰望时间长了，脖子是要酸的。哪个男人不希望自己被崇拜、不希望自己高高在上扮演大丈夫的角色？虽然张爱玲在《小团圆》中写道，九莉听到之雍说那小护士给他洗衣等事时，九莉不无在心里幽怨地想：这样如果你要我做，我也可以做的。

张爱玲自己也说过"女人要崇拜才快乐，男人要被崇拜才快乐"。世间的道理她都懂。她也不要一个男人在她面前唯唯诺诺、

诚惶诚恐、伏低做小。就算在这样的男人面前做“女皇”，也憋屈，哪还有人生的飞扬？

她的男人必有她可以仰慕欣赏之处。对于胡兰成，她有时不无快意地把自己转化成谦卑崇拜爱慕的角色。说自己“很低很低”，悄悄地静静地观察胡兰成，写出崇拜的喜意。

他一人坐在沙发上，房里有金粉金沙深埋的宁静，外面风雨琳琅，漫山遍野都是今天。

但这些刻意的顺从，甚至是屈仰，并不让胡兰成轻松。谈史议今、说文论艺，胡兰成都自愧不如。何况张爱玲身上还有最让胡兰成羡慕的贵族出身。但凡张爱玲的一切都让他“如承大事”。时间久了，只怕吃不消。

胡兰成在不谙世事的小周那里自然轻松自在。

一日，胡兰成和小周正在房里，突然飞机用机关枪扫射。他们避到后间厨房，又是一阵枪响，飞机的翅膀险些把屋顶都带翻了。说时迟，那时快，小周一把把胡兰成拖进灶间堆柴处，以身掩胡兰成。

生死一发之际，她这样的刚烈为我，可以没有选择，如天如地……

1945 年 8 月 15 日，日本天皇颁布投降诏书。晌午时分，胡兰成走在江汉路街上，听见广播，惊得一身大汗。但他仍然做着“大楚国”的梦，积极策划活动，与二十九军军长邹平凡宣布武汉独立，拥兵数万，还想成立武汉军政府。不仅拒绝国民党方面要他归顺的要求，也拒绝中共方面让他弃暗投明的规劝。他还是一贯的狂妄自大。不料，没几天他手下人马便分崩离析，大多归顺重庆。“独立”了 13 天的武汉，成为一场闹剧，胡兰成扮成日本伤兵，乘日本伤兵船逃离武汉。

离开之前，他凑足十两金子，给小周，又把一包半食米送到小周家。

时已薄暮，医院里暝色荒愁，装米的麻包有洞，抬出我房门外阶沿时漏出许多米，训德执灯，与我在地上捡米，一粒粒沉甸甸的，好像两人的心意。

后来他听说小周入狱，曾不顾张爱玲的劝说一度想赶去，只求回来救她。你说，这让当时就在他跟前的张爱玲作何想？当他逃到香港后，还写信寄钱回来让小周出来与他团聚。这个男人用情不专，情也不伪。只是他太能走一路爱一路了。

1945 年 8 月，他先到南京，又回上海，后潜逃至杭州、温州一带。他冒充张佩纶的后人，化名张嘉仪，隐匿不出。

他与张爱玲在第二年 2 月才相聚。这一次，是张爱玲千里寻夫。

我从诸暨丽水来，路上想着这里是你走过的。及在船上望得见温州城了，想你就在着那里，这温州城就像含有宝珠在放光。

然而，张爱玲的出现并没有让这个男人心生感动，反而“一惊，心里即刻不喜，甚至没有感激”。

……几乎粗声粗气骂她："你来做什么？还不快回去？"

虽然他的堂皇理由是"不欲拖累妻子，爱玲如此为我，我只觉不敢当，而又不肯示弱"。那么，当年他在上海报纸大张旗鼓地暗示他和张爱玲有着怎样密切的关系时，就没有考虑到日后张爱玲的处境吗？现实却是，他害怕张爱玲大动干戈地从上海跑来，暴露他的藏身地。并且他现在又有"一美"，正在享受他的温柔乡，关起门来俨然一个老太爷，哪里还管得了张爱玲的感受。

胡兰成无论逃到哪里、怎样的状态，总要搭上女人。这次张爱玲过来，无论如何也想不到，胡兰成又搭上了一个范秀美。

范秀美是胡兰成躲避这姓斯人家的姨太太，18岁守寡，比胡大一岁。胡兰成在那一带藏身不住时，是她自告奋勇要送他到温州隐匿的。没想到，这"千里送京娘"路上已经成其好事。

这次他并没有把与范的事以实相告，"不是为要瞒她，因我并不觉得有什么惭愧困惑"。这个胡兰成实在是有点无赖了。

两人表面上还是走街逛店，进寺观看神像，有时并枕躺在床上说话。听张爱玲说西洋文学、说《旧约》。但"亲热里尚有些生分，自然如同宾客相待"。胡兰成再次体会到张爱玲的锦口慧心，但与他目前的“此情此景”难以切题，才会心神不属，如同宾客。

在张爱玲下榻的旅馆里，一日胡兰成隐隐腹痛，却自忍着，直到范秀美来了，胡兰成才诉说身上不舒服。

爱玲当下很惆怅，分明秀美是我的亲人。

直到这个时候张爱玲都没有怀疑他两人的关系。或许也是强迫自己糊涂，也是太在乎自己的这段感情。害怕失去，才能一次一次地原谅对方。

范秀美来旅馆，张爱玲矫枉过正地极力敷衍，赞叹范生得美，还给她画像。可惜，画到一半突然停笔不画了。虽然她一再地退让，最终想不求甚解还是办不到。

我画着画一阵难受，就再也画不下去了，你还只管问我为何不画下去！

这言语间的委屈，全被胡兰成当成驴肝肺了。

我从来不要爱玲安慰我或原谅我，更没有想到过我来安慰爱玲，因为两个都是大人。

疯人的逻辑：三美四美小团圆

张爱玲与炎樱谈到多妻主义时，自己有一番冷静理智的态度。

如果另外的一个女人是你完全看不起的，那也是我们的自尊心所不能接受。如果也许你不得不努力地在她里面发现一些好处，使得你自己喜欢她。

张爱玲一眼就能看出胡兰成只是把范秀美当作庇护自己的安全外衣。

她不怪他在危难中抓住一切抓得住的。

但那个小周，胡兰成对她的喜爱体贴照顾，都在自己之上。她让胡兰成在小周与自己之间做一个选择。

胡兰成又是那一贯的七拉八扯搪塞。

我待你，天上地上，无有得比较，若选择，不但于你是委屈，亦对不起小周。人世迢迢如岁月，但是无嫌猜，按不上取拾的话。而昔人说修边幅，人生的烂漫而庄严，实在是连修边幅这样的余事末节，亦一般如天命不可移易。

这次张爱玲却不能接受他这样的态度，《小团圆》里面，她觉得胡兰成的解释“不是诡异，是疯人的逻辑”。

情急中，她痛苦地责问：“你与我结婚时，婚帖上写现世安稳，你不给我安稳？”

你说最好的东西是不可选择的，我完全懂得。但这件事还是要请你选择，说我无理也罢。

这是她头一回不顾素来的矜持、自尊，连强迫自己镇静亦做不到，方寸大乱。情急之言只能使事情变得更糟。但是她顾不上，只想最后抓住眼前的这个人问个究竟。

胡兰成还是不做选择。其实他与小周有没有再见之日都不可知。但他的不选择，并不是他爱哪一个女人更多一点，而是这种选择，破坏了他心目中的佳话，几美团圆最终不美，他不能容忍的是这个。

张爱玲只得自己做了最后的选择。

你是到底不肯。我想过，我倘使不得不离开你，亦不致寻短见，亦不能再爱别人，我将只是萎谢了。

张爱玲在温州待了二十天。本来是一路寻夫，想与他共患难，没想到走的时候，变成了一个人。张爱玲写这世间男女恋情，剥尽华丽外衣还原其凄凉的本色，但她绝没想到这种事情会发生在自己身上。有时候现世与预期落差太大，当事人会有“向后猛跌”的恍惚眩晕。就像《沉香屑：第一炉香》中葛薇龙听到乔琪乔直言不能给她婚姻，也不能答应给她爱，只能答应给她快乐时，葛薇龙就是这样的感觉。

这和薇龙原来的期望相差太远了，她仿佛一连向后猛跌了十来丈远，人有点眩晕。

现在，张爱玲也是一跌跌了好几个跟斗。

《小团圆》里，九莉也曾想过是不是一刀了结了这个负心汉。但为不爱自己的人而死总是不值。

为他坐牢丢人出丑都不犯着。

这次，她虽然已看明白这段感情，但还是割舍不开。她回上海没几天，就写了一封信给胡兰成。

那天船将开时，你回岸上去了，我一人雨中撑伞在船舷边，对着滔滔黄浪，伫立涕泣久之。

随信她还寄钱来。此后的八九个月，两人偶或通音信，张爱玲信之外还不时捎些东西。

随后，胡兰成因躲避温州户口检查，又回斯家，等风头静了，取道上海乘船返回温州。因船第二天才开，当晚他又到张爱玲公寓过了一夜。这次送他来的是斯家的老四，待老四走了，他摆起主人的嘴脸责备张爱玲待客不周，没留人吃饭。这次张爱玲无论如何不能心平气静："我是招待不来人的，你本来也原谅，但我亦不以为有哪桩事是错了。"

不爱的人，看什么都不顺眼啊！

那天晚上，胡兰成居然把他与范秀美的事据实说出，还问张爱玲有没有看他写的《武汉记》，那里面全是小周的事。他真是有点二。这简直是当面侮辱人呢！张爱玲答道她没有看。他当下在她手上打了一下，惹得张爱玲骇怒。

当晚，两人别寝。第二天天还没有亮，胡兰成来到张爱玲睡的房间，在床前俯下身去亲她，她从被窝里伸出手抱着胡兰成，只叫得一声"兰成"，就泪流满面。

这百转千回的一声，是怎样的痛心和明白啊！我想这个时候，张爱玲虽然泪眼蒙眬，却心里清亮。

这次分别，偶或仍有书信来往。张爱玲还是照样寄钱过去接济他的生活。

她早已不写长信了，只隔些时写张机械性的便条。之雍以为她没事了，又来信道："昨天巧玉睡了午觉之后来看我，脸上有衰老，我更爱她了。有一次夜里同睡，她醒来发现胸前的纽扣都解开了，说：'能有五年在一起，就死也甘心了。'我的毛病是永远沾沾自喜，有点什么就要告诉你，但是我觉得她其实也非常好，你也要妒忌妒忌她才好。不过你真要是妒忌起来，我又吃不消了。"

她有情书错投之感，又好气又好笑。

断了，心酸眼亮

等抓汉奸之风渐渐平息，胡兰成又开始蠢蠢欲动，梦想“再出中原”。他写信给梁漱溟（当然用的是化名），得到其赏识，又结识一些名家，处境转好。还是不忘在张爱玲的面前得瑟他那些“邻妇来灯下坐”之类的艳遇。张回信说：“我觉得要渐渐不认识你了。”这个人不仅负心，还自负忘形，人性的起点太低。

1947 年 6 月，当她看到胡已脱离险境，寄来一信。

我已经不喜欢你了。你是早已不喜欢我了的。我是经过一年半长的时间考虑，惟彼时以小吉（劫）故，不欲增加你的困难。你亦不要来寻我，即使写信来，我亦是不看了。

真痛快，好一个张爱玲，她的喜欢不喜欢无关乎他人。不是因为他的喜欢，而喜欢。完全是自己独立的感情，没有因果关系。

分手在即，还寄来 30 万元。这也是张爱玲的哲学，以这种方式和他断了个干干净净，永不相欠。

胡兰成说张爱玲是“亮烈难犯”。也曾徘徊，也曾痛苦，也曾犹豫，真下决心了则果断明白、义无反顾。之后，再也不回他片言只语。

胡兰成还是不甘心，写信给炎樱。无用，张爱玲还是不回信。“几次三番思想”后，还是跑到原来他天天必去报到的六楼六五室。没想到出来应门的是一个陌生女人。

张爱玲早已搬走了。

断了，就来个干干净净。

1957年底或1958年初，胡兰成居然收到一张明信片，没有上下款。

手边如有《战难和亦不易》《文明的传统》等书（《山河岁月》除外——，能否暂借数月做参考？

这时，张正在奋力写作，借书之事在她看来仅是借书而已。胡兰成初时一愣，随即喜出望外，更可气的是，他这时候的老婆佘爱珍，看了居然欢天喜地，直催他回信。

这个佘爱珍不是什么省油的灯，是昔日流氓、汉奸吴四宝的遗孀。1941 年春一个周日的下午，佘爱珍出去看医生还做头发。车子开到静安寺路大西路口，正好有英租界的巡捕盘查来往行人。喝令停车，要检查手枪护照。保镖与巡捕正两相争执时，巡捕枪走火，打着了保镖。保镖应声倒地时，也射了那巡捕一枪。两人都死了。当即众多巡捕都赶来向着汽车开枪，一时枪弹如雨。

这时英国巡捕一个头头说，车里面还有一个妇人。当下停止射击，走近察看没想到这个佘爱珍坐在里面毫发未伤。

这时，得到消息的七十六号特工警卫队大队人马赶到，连机关枪都背来了。巡捕那边也紧张起来，两边拉开阵势。佘爱珍这时一脚踢开车门钻出来，扬手喊："不可开枪，不然乱枪真要打死我了。"

这样一个黑道上混的女人，看着张爱玲的来信，撺掇胡兰成去撩拨她，其实是完全没有把张爱玲放在眼里。在她看来，张爱玲就是一个手无缚鸡之力写字的，就算写有信来，又怎么样？难不成还斗得过她佘爱珍？

她催了好几遍胡兰成回信，还让胡与张爱玲赔个不是，重新和好。她完全把这件事当成闹剧和笑料了。对于胡兰成早期在日本的女人一枝，她丝毫没有容让。对于小周，她心存忌讳，让胡兰成死了这条心。唯有范秀美，她说，范可以来，但是来了，就没有她了。

此时，对于张爱玲她倒大度起来？非也。她是着实没有把张爱玲放在心上。这件事，于她就是一个猫捉老鼠的游戏罢了！闹一闹乐一乐，也让自己无聊的生活有点趣味。

胡兰成不见得看不出他老婆的心思，反正他乐于奉陪。他写信、寄书，是《今生今世》的上卷，信中少不得夹七夹八的话去撩拨张爱玲。他说张爱玲是"九天玄女娘娘"，自己从她那里得了无字天书，不过，自学成才会用兵布阵，现在写文章好过她了。还提到他把《山河岁月》与张爱玲写的《赤地之恋》比着读。他就是想让张爱玲慌一慌。这时张爱玲的创作已不似上海滩时期那么高质高产，不仅旁人看到这个问题，连张爱玲也知道自己的创作在走下坡路。对于这个认定写作为一生最爱的作家来说，无疑是致命的打击。

胡兰成原先在张爱玲那里感到自己无论说什么写什么都要被比下去，现在却一下子觉得似乎有出头之日。他信纸上绚烂华丽，实则满脸坏笑：呵呵，这一次你不行了吧！

但张爱玲都无回信。佘爱珍又出主意：教胡兰成写信寄书时用双挂号，这样张爱玲接到了总得在回单上签字，这样他们就能确定张爱玲是否收到信了。

真是一对白相人啊！

回信到底来了。

兰成：

你的信和书都收到了，非常感谢。我不想写信，请你原谅。我因为实在无法找到你的旧著作参考，所以冒失地向你借，如果使你误会，我是真的觉得抱歉。《今生今世》下卷出版的时候，你若是不感到不快，请寄一本给我。我在这里预先道谢，不另写信了。

爱玲

这封信写得真是绝，就像一记脆生生的耳光。这佘爱珍还不死心，教胡兰成装作没有收到这封信，仍然写信去撩拨张爱玲。说两个人只做学问上的朋友，就是请教请教学问而已。还要邀请张爱玲来看樱花。呸！无赖到这个地步真是少见了。

胡兰成自己说："这简直是无赖，我虽不依着做，可是真好。"真是一对泼皮！

到《今生今世》下部出版时，里面就有涉及张爱玲的章节——《民国女子》。不管她是什么时候看到的，这对她都是沉重的打击。但是，再怎么痛苦，这滋味也得自己扛着，不能着一个字。因为你面对的就是不按常理出牌的人。只要是能牵动你的一丝情绪，对方都会大大地得意。

胡兰成《山河岁月》出版时，香港小报就提到有人问张爱玲对这本书的看法，张爱玲不置一词。这样的态度，胡兰成万分不好受。人家就是不带你玩了。管你做什么，都与自己无关。

感情好的时候是浓情蜜意的爱，感情坏时是刻骨铭心的恨。爱好，恨也不怕。最无奈的，是对方对你完全没有感觉了。你的喜怒哀乐与她无关。你对她就是路人甲。

所以胡兰成收到张爱玲的这最后一封信后，佘爱珍还一再让他回信，他才恨恨地说：“不写。只等书下卷出版了寄去给她，总之现在信是不写。”他就等着看张爱玲惊慌失色了。

这一等，直到1981年7月25日在东京病逝，他都没有听到张爱玲关于这本书的只言片语。所幸，当年张爱玲写给他的信，在两人分手前，她全部要回去了。否则，还不早被他拿来示众。所幸，他没有等到《小团圆》。

最后，我引江弱水老师写的《胡兰成的人格与文体》中的两段话来结束关于胡兰成的评说吧！

这个人，学问好，文章也好，可大家只会私下叫好，不愿当众喝彩，因为此人于公于私都大德有亏。纵使被人提起，也不外乎为一个女人的缘故：他与本世纪中国最让人着迷的那位女作家有过一段乱世情缘。可是，他未必是她心口的一颗朱砂痣，但一定是别人眼里的一抹蚊子血。不折不扣的，他是个汉奸。

……

他的不守节，在私人生活上也暴露无遗。《今生今世》的胡兰成，是中国文学中难得一见的唐璜式人物。他对女性，情虽不伪，却也不专。……他要的是“此时语笑得人意，此时歌舞动人情”，而他的情意会随其行踪的转移而改变，焉能系于一身！他那不粘不滞的思想，自说自话的本事，每当弃绝之际，总可以为自己找得着开脱责任的借口。他自认为是一位“永结无情契”的高人，旁人看来，到底只是个朝秦暮楚的荡子。

那一抹别样的颜色

上海城隍庙的九曲桥。

一个很有特色和记忆的地方。可惜现在只是一个假古董。

爽直明俏的苏青

在十里洋场的上海滩，当年在文坛上与张爱玲齐名的，还有一个女作家。她叫苏青。这是她的笔名，本名冯和仪，比张爱玲大四岁。

张爱玲在《必也正名乎》里谈到中国人取名字时说，“适当的名字并不一定是新奇，渊雅，大方，好处全在造成一种恰配身份的明晰的意境。”所以我说“苏青”两个字好，清脆又爽口。朗朗念叨时，眼前总闪现一个清爽明俏的女子。这个女子，来自浙江宁波，说起话来爽直轻快，眉眼紧凑明俏，落笔成文更是清朗干脆。

现在的读者认识苏青，很大原因是读了张爱玲在20世纪40年代写成的《我看苏青》一文。张爱玲写这篇文章时，正是创作高峰、一时红遍上海滩。两人认识的起因，是苏青为了自己创办的杂志《天地》向张爱玲约稿。

苏青起初写给张爱玲的索稿信，一来就说“叨在同性”，看到这里张爱玲总要笑。这是因为张爱玲看到了苏青骨子里面那种小女生带点撒娇带点蛮横的性格，有点不依不饶的意味。

女人的弱点她都有，她很容易就哭了，多心了，也常常不讲理。譬如说：前两天的对谈会里，一开头，她发表了一段意见关于妇女职业。《杂志》方面的人提出了一个问题，说："可是——"她凝思了一会，脸色慢慢地红起来，突然有一点生气了，说："我又不是同你对谈——要你说我做什么？"大家哄然笑了，她也笑。我觉得这是非常可爱的。

时人看苏青，总觉得她豪爽大方，有男儿气。其实在她爽直的举手投足中，自有一般女子一嗔一痴的可爱姿态。

两个人的交情，张爱玲更是说得明白。

至于私交，如果说她同我不过是业务上的关系，她敷衍我，为了拉稿子，我敷衍她，为了要稿费，那也许是较近事实的，可是我总觉得，也不能说一点感情也没有。我想我喜欢她过于她喜欢我，是因为我知道她比较深的缘故。

一份《天地》是两人文字的纽带。潘柳黛曾说："张爱玲的被发掘是苏青办《天地》月刊的时候，她投了一篇稿子给苏青。苏青一见此人文笔不凡，于是便函约晤谈，从此变成了朋友，而且把她拉进文坛，大力推荐，以为得力的左右手。果然张爱玲也感恩知进，不负所望，迈进文坛以后，接连写了几篇文章，一时好评潮涌，所载有声，不久就大红大紫起来。”

且不说潘柳黛这么写是因为自己的记忆出了问题，还是与张爱玲有什么过节。其实，张爱玲在《天地》发表文章之前，就已经发表了她最著名的几篇小说：《金锁记》《倾城之恋》《沉香屑：第一炉香》等。她完全不必等着苏青来发掘，且还被拉进文坛成为左右手。

不过，张爱玲一直是《天地》的台柱子，这倒是真的。《天地》一共出版 21 期，张爱玲发表文章的就有 18 期。并且她还专门为《天地》设计过封面，后面几期一直到终刊都一直用着。

这不仅因为苏青给她提供了一个专门的舞台，还因为她与苏青的感情。要知道，张爱玲可是性格耿介，不对路的人她从来不会过多理睬的。

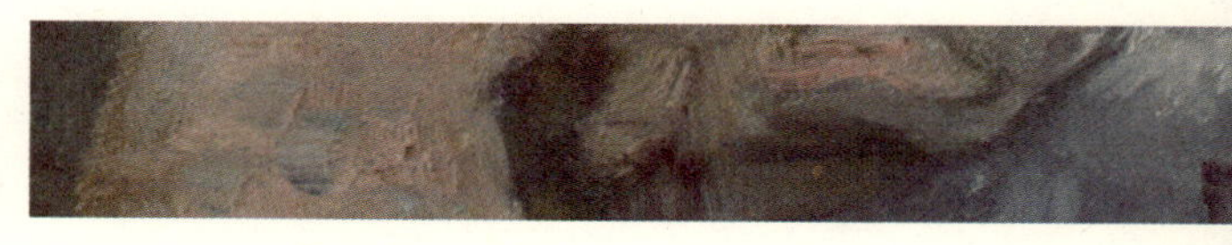

一口茶滚烫在嘴，怎么下咽

原本潘柳黛与张爱玲、苏青还有些私交。

有一次，我和苏青打个电话和她约好，到她赫德路的公寓去看她，见她穿着一件柠檬黄袒胸露臂的晚礼服，浑身香气袭人，手镯项链，满头珠翠，使人一望而知她是在盛装打扮中。

我和苏青不禁为之一怔，问她是不是要上街？她说："不是上街，是等朋友到家里来吃茶。"当时苏青与我的衣饰都很随便，相形之下，觉得很窘，怕她有什么重要客人要来，以为我们在场，也许不太方便，便交换了一下眼色，非常识相地说："既然你有朋友要来，我们就走了，改日再来也是一样。"谁知张爱玲却慢条斯理地道："我的朋友已经来了，就是你们两人呀！"这时我们才知道原来她的盛妆正是款待我们的，弄得我们两人感到更窘，好像一点礼貌也不懂的野人一样。

从张爱玲的寓所出来，潘柳黛便向苏青抱怨。她不认为自己受到主人盛装的尊重，反而觉得自己很狼狈。这其中的滋味可能还有不自信的自卑心理在作祟。论文章，她没有张爱玲写得好产量多，论国学根基她达不到张爱玲的水平，更别说懂英语直接看外国文学作品了。在张爱玲出道之前，上海滩的文坛还有她一席之地，等张爱玲如日中天时，她只有甘居其下。

所以，这才会把一件不起眼的小事，视为自己受了很深的伤害。她认为自己可以将苏青团结为同一战壕的战友。然而，爽朗的苏青却只笑不答。

接踵而来的事情，更让潘柳黛措手不及。1944年3月16日，《杂志》举办女作家聚谈会，潘柳黛与张爱玲联袂出席。嗑着瓜子，品着好茶，间或吐珠咳玉，正在其乐融融之时，令潘柳黛始料不及的是，张苏二人唱起了双簧。

苏青说："女作家的作品我从来不大看，只看张爱玲的文章。"张爱玲道："踏实地把握生活情趣的，苏青是第一个。她的特点是'伟大的单纯'。经过她那俊杰的表现方法，最普通的话成为最动人的，因为人类的共同性，她比谁都懂得。"

参加这次聚谈会，潘柳黛的心情最复杂。她是兴冲冲而来，灰溜溜而去。接下来，她受的打击更大了。胡兰成赞张爱玲的文章随

后登场。上海滩飙起张爱玲旋风。更令她惊惧的是，8月《传奇》品茶会竟然没有邀请自己参加！

热闹都是别人的，与自己无关。

苏青倒向了张爱玲，胡兰成撰文吹捧张爱玲，街头报刊亭卖得最好的也是张爱玲的作品，大家闺秀都以能与张爱玲一同晚餐而作为资本……谁都得意，唯她失意。可能，她以为，正是张爱玲的横空出世宣告了她的独秀史的终结。

潘柳黛不甘心了，磨刀霍霍。

胡兰成追捧张爱玲的文章一出，她抛出了《论胡兰成论张爱玲》。

潘柳黛在文中不仅挑明两人的关系，还调侃胡兰成所热衷的是张爱玲的贵族血统。她说，张爱玲与李鸿章的关系就好像太平洋里淹死一只老母鸡，上海人吃黄浦江的自来水自称“喝到鸡汤”的距离一样，八竿子打不着的亲戚关系，如果以之证明身世高贵，根本没有什么道理。而且以上海人脑筋之灵，不久将来，“贵族”二字，必可不胫而走，连餐馆里都不免会有“贵族豆腐”“贵族排骨面”之类出现。

似乎潘柳黛对“贵族”二字分外敏感，生怕张爱玲借“贵族”二字飞天成玄女。接着，对其着装极尽挖苦，在她荒诞的手法下张爱玲变得滑稽又可笑。

十年之后，张爱玲、潘柳黛一前一后到香港。当有人给张爱玲说潘柳黛也在香港时，张爱玲回答得相当干脆：“谁是潘柳黛，我不认识。”

历来张爱玲对她想排除心房之外的人，就能做得相当干脆。并且从来不藕断丝连，更不吃回头草，根本没有给对方任何回旋的余地。

就像她在美国因为向胡兰成借书导致胡兰成认为她旧情未了，屡屡写信撩拨后，她提笔给胡兰成写的那封信。开头一句“兰成”，称呼得倒是亲切。可是后面越看越让胡兰成无地自容，短短数行，不带脏字，没有恼怒的语句，但是就像一记响亮的耳光打在胡兰成的脸上。通篇还客气得让你发不起脾气。胡兰成当时的妻子佘爱珍是一个走惯江湖的人。当年在上海滩是“白相人”的老婆，后来做了军统的特务，在日本还卖过毒品，坐过牢、杀过人，蹚过的浑水很多了。看了这封信，也不得不说：“你这个张小姐真是厉害啊。”

这次张爱玲说：“谁是潘柳黛，我不认识。”也是给潘柳黛说：我们压根不认识，你不要再拿我的八卦给自己做宣传了。是啊，事到如今，有几个人知道潘柳黛这三个字？要不是因为张爱玲，可能只有那些做20世纪40年代上海滩文化研究的老学究能熟悉这三个字了。

我看你，觉得一万个好

常说“物以类聚，人以群分”。在潘柳黛嘲笑张爱玲让她倒腾老祖母的衣服出来穿时，苏青却写了一篇《衣着出位的张爱玲》。

还有一次，张爱玲突然问我，“你找得到你祖母的衣裳找不到？”我说：“干嘛？”她说：“你可以穿她的衣裳啊！”我说：“我穿她的衣裳，不是像穿寿衣一样吗？”她说：“那有什么关系，别致。”

……

她穿西装，会把自己打扮成一个18世纪的少妇，她穿旗袍，会把自己打扮得像我们的祖母或太祖母，脸是年轻人的脸，服装是老古董的服装，就是如此，融会了古今中外的大噱头，她把自己先安排成一个传奇人物。

无独有偶，张爱玲在《我看苏青》里面也谈到了苏青的着装。

对于苏青的穿着打扮，从前我常常有许多意见，现在我能够懂得她的观点了。对于她，一件考究衣服就是一件考究衣服；于她自己，是得用；于众人，是表示她身份地位；对于她立意要吸引的人，是吸引。苏青的作风里极少“玩味人间”的成分。

看看吧，这才是苏青和张爱玲。她们是朋友、是同性、是同行，却没有竞争、没有敌意、没有嫉妒，反而惺惺相惜，互为佐证。你说芍药好看，有人说旁边的牡丹更好看。你说牡丹好看，有人却喜欢芍药。两个人就是当时上海滩文坛的两道靓丽的风景线。

苏青就是那瑞雪丰年里大红的龙凤配图案，红得爽快又喜庆。张爱玲是湖光绿里泛起来的那抹蓝，艳丽又不可捉摸。

公众场合，她们也你抬我敬。

《传奇》座谈会上苏青说：“我读张爱玲的作品，觉得自有一种魅力，非急切地吞读下去不可。读下去像听凄幽的音乐，即使是片断也会感动起来。她的比喻是聪明而巧妙的，有的虽不懂，也觉得它是可爱的。她的鲜明色彩，又如一幅图画，对于颜色的渲染，就连最好的图画也赶不上，也许人间本无此颜色，而张女士真可以说是一个‘仙才’了，我最钦佩她，并不是瞎捧。”张爱玲在女作家座谈会上说：“近代的最喜欢苏青……如果必须把女作家特别分作一栏来评论的话，那么，把我同冰心、白薇她们来比较，我实在不能引以为荣，只有和苏青相提并论我是甘心情愿的。”

苏青脾气耿直，说话直来直去，容易得罪人。但是张爱玲却说：“但是像苏青，即使她有什么地方得罪我，我也不会记恨的。”像好几次两人一起出席的公众场合，苏青的话都比张爱玲多，而张爱玲就算被苏青抢了风头，也会抿着嘴笑，觉得苏青可爱。

女性的友谊，有时候也像恋爱中的男女朋友，此时，正是浓情蜜意时，怎么看，都觉得对方一万个好。

写作上，两个人也以文传意。且不说《天地》基本上就是张爱玲挑大梁的舞台，编者例言中还常有对她作品的特别推荐。张爱玲写《我看苏青》，苏青唱和一篇《我看张爱玲》。张爱玲有《自己的文章》，苏青立即写一篇同题的随笔。张爱玲要为形形色色的女人画像，曾计划写一组人物素描，集成“烈女传”，苏青有同样的念头，要写“女像陈列所”，仅写成的一篇又有张爱玲配的图。

当年，正是张爱玲刚出道就崭露头角的风光盛世。她还有着年轻人的一切冲动和憧憬，有着要毫无顾忌地展现自己的勇气。那个时候，与苏青一唱一和的张爱玲快乐又调皮，事业顺、心情好，做什么都顺手，干什么都顺利。现在比较时髦的气场说，认为一个人如果处于有利于自己的气场下，那么做什么都顺利。

1943年到1947年，正好是属于张爱玲的气场。她下笔如有神，写出了让她日后留名青史的文学作品。也才会喜滋滋地囤纸来印自己的书，晚上睡在那宽大的白纸上，都觉得亲切。跳下黄包车，穿街来到街头书报亭，故作不知地问老板："这本《传奇》可销得好？"翻出老祖母的一床被面，裁剪成一条裙子就理直气壮地穿着去参加纳凉文学会。在印刷厂，看到工人踩着踏板印书，也觉得他们亲，因为他们连夜赶印的都是她的书。欣赏着布匹店里花团锦簇的布面图案，品尝着咖啡店的奶油蛋糕，隔着玻璃杯看里面泡开的热带丛林一样的茶叶，在公寓楼上看跑马场闪烁的霓虹灯……这就是上海，上海的一切都让她觉得快乐和亲切。

这才会有看"七月巧云"、听苏格兰兵吹 bagpipe 的闲情，才能享受微风中的藤椅、吃盐水花生的快乐，也才会有从双层公共汽车中伸出手摘树巅的绿叶的调皮。

上海的一切都让她觉得亲。这份亲，才让她有发自内心的快乐。这份快乐也来自自食其力的自信。

多年以后，她隐居在美国，还是说：上海来的人，还是可以见一见的。

人逢喜事精神爽，在这样快乐的氛围下，张爱玲更是才思如泉涌，写出了《封锁》《红玫瑰与白玫瑰》等上乘之作。

也正因为这一篇《封锁》，使那个自视甚高的胡兰成，在躺椅上看得直起身来。随后他马上找苏青要张爱玲的地址。这才有了以后张胡的一段故事。

其实这时胡兰成与苏青的关系也不简单。一个女人与男人上了床，没有产生点情愫是不大可能的。这道理连张爱玲都懂，所以她才会借《色戒》说："通往女人灵魂的通道是阴道。"

胡兰成心急火燎地去上海，一下火车就去找苏青。苏青这边哪里知道这个男人心里的那些事，还想着他一下火车就来找自己，心里高兴得不得了。这蛋炒饭也吃了，还一同回了自己的寓所。结果，事毕之后，这个男人问："能不能给我张爱玲的地址？"

你说这个男人是败兴呢？还是自私得不管不顾？

尽管苏青迟疑了一下，最终还是把张爱玲静安寺路赫德路口一九二公寓六楼六五室的地址写给了胡兰成。换是有些女人，是万万不肯把情场上可能的竞争对手介绍给异性的。

南辕北辙

张爱玲与苏青不像与炎樱走动那么密切，苏青的一些消息反倒是从别人的口中或者是苏青自己的文章中得知。但是身为女人，同时又是对生活饱含情趣的女人，她们在接触中除了约稿审稿，自然也有女人日常生活中的那些内容。

去年秋天，她做了件黑呢大衣，试样子的时候，要炎樱帮着看看。我们三个人一同到那时装店去，炎樱说："线条简单的于她最相宜。"把大衣上的翻领首先去掉，装饰性的褶裥也去掉，方形的大口袋也去掉，肩头过度的垫高也减掉。最后，前面的一排大纽扣也要去掉，改装暗纽。苏青渐渐不以为然了，用商量的口吻，说道："我想……纽扣总要的罢？人家都有的！没有，好像有点滑稽。"

我在旁边笑了起来，两手插在雨衣袋里，看着她。镜子上端的一盏灯，强烈的青绿的光正照在她脸上，下面衬着宽博的黑衣，背景也影影绰绰的，更显明地看见她的脸，有一点惨白。她难得有这样静静立着，端详她自己，虽然微笑着，因为从来没有这么安静，一静下来就像有一种悲哀，那紧凑明倩的眉眼里有一种横了心的锋棱，使我想到"乱世佳人"。

关于服装张爱玲说过一句话：对于不会说话的人，衣服就是最好的语言。所以她的服装总是独出心裁、标新立异。在当时的上海滩，仅以服装搭配就能占本埠头条新闻的，除了张爱玲应该没几个人。

在服装搭配上张爱玲与苏青南辕北辙。苏青讲究派头，质量要考究，张爱玲却只要惊艳，只要独特。人家说文如其人，张爱玲的文章就是一部传奇，她的着装也剑走偏锋。当年在上海滩，居然能吸引街头报童追逐看热闹。可见，她的奇装异服是多么的让人咋舌。

其实二人的差异又何止这一端？座谈会上，苏青的话总是比张爱玲多，且回答得干脆利落，直言直语心直口快。相比之下，张爱玲显得寡言木讷得多。但是，这并不会让张爱玲不悦，反而她欣赏苏青。正像张爱玲自己在文中说的，“我之能懂得她，更甚于她之懂得自己”“我喜欢她超过她喜欢我，是因为我知道她比较深的缘故。”当你完全吃透一个人的时候，这个人但凡有任何冲撞的地方，你都能宽容地接受。凡事看开看透，就能直见事物的本心。张爱玲就是带着这样洞察天机般的明白，看着苏青的一切。

她在《我看苏青》里面勾勒出苏青的轮廓，而这正好是她们两

人截然不同的地方。

她是眼高手低的。

即使在她的写作里，她也没有过人的理性。她的理性不过是常识——虽然常识也正是难得的东西。

苏青在理论上往往跳不出流行思想的圈子，可是以苏青来提倡距离，本来就是笑话，因为她是那样一个兴兴轰轰火烧似的人，她没法子伸伸缩缩、寸步留心的。

她又有她天真的一方面，很容易把人想得非常崇高，然后很快地又发现他的卑劣之点，一次又一次，憧憬破灭了。

张爱玲绝不会写文章吹捧任何人，写苏青这篇，实在又有分寸。看苏青看得极准。苏青有的，恰是她不需要的。换句话说：张爱玲是眼高手不低的，她富于理性，思想不为流行的圈子所束缚，为人行事总留有距离，不会热情似火，文里文外总能冷眼看世界。

与苏青这样的人交往，张爱玲才觉得轻松自在。像她身边的炎樱、胡兰成，都是苏青这种类型，总能在她身边滔滔不绝。喜欢扮演听众角色的张爱玲，在这样的场合充满喜悦。这也是她观察人世的一个窗口。看身边花谢花开、云卷云舒，自己却闲庭信步。也难怪苏青呱呱唧唧说了一大通后，要抱怨张爱玲："你是一句爽气话也没有的。"

两人的文风也大相径庭。张爱玲行文光色幢幢，一部小说就是一部色彩斑斓的有声电影。她的含蓄、蕴藉就像苏青的直白、泼辣一样鲜明。

在与读者的关系上，苏青一上来就会告诉读者，主人公就是她自己。对于素材，她常常不做什么修饰就直接写成小说，并且小说里面喜欢用第一人称。看苏青的小说，完全可以对号入座。

张爱玲的小说从来没有用过第一人称，她总是与读者保持距离。就算年老时写《小团圆》，虽然读者都知道"九莉"的原型就是张爱玲，但是张爱玲也绝不用"我"这一人称作为小说的主人公。在她看来，就算世人都觉得"九莉"就是张爱玲，但是，只有她自己知道，这里面真真假假在哪里，于她，还是安全的。

苏青的散文也如她自身一样，大白话一般。白话中却自有清新之处。张爱玲曾说："有人批评她的技巧不够，其实她的技巧正在那不知不觉中，喜欢花哨的稚气些的作者读者是不能领略的。"

你看，就是苏青单单直白地谈吃，都能这么畅快漂亮。

在我们宁波，八月里桂花黄鱼上市了，一堆堆都是金鳞灿烂，眼睛闪闪如玻璃，唇吻微阖，口含鲜红的大条儿，这种鱼买回家去洗干净后，最好清蒸，除盐酒外，什么料理都用不着。但也有挽盐菜汁蒸之者，也有用卤虾瓜汁蒸之者，味亦鲜美。

还有豆，我们都是在自己园子里种的，待它们累累结实时，自己动手去摘。渐渐豆儿老了，我们就剥"肉里肉"，把绿玉片似的豆瓣拌米煮饭吃，略微放些盐，又香又软又耐饥。清明上坟的时候，野外多的是"草紫"。草紫花红中夹白，小孩儿们采来扎花球，挂在颈上扮新娘子。我们煮草紫不用油，只须在滚水中一沸便捞起，拌上料理，又嫩又鲜口。上海某菜馆的油煎草头虽很有名，但照我吃起来，总嫌其太腻，不如故乡草紫之名副其实的有菜根香。

这样充满炊烟的文字，与张爱玲截然不同。张爱玲谈吃，更多的是像在谈百态人生。苏青兴兴头头，行文中看出为人的热闹和喜庆。所以张爱玲要用杨玉环的热闹、亲热来对比苏青。

杨贵妃的热闹，我想是像一种陶瓷的汤壶，温润如玉的，在脚头，里面的水渐渐冷去的时候，令人感到温柔的惆怅。苏青也是个红泥小火炉，有它自己独立的火，看得见红焰焰的光，听得见哔哩剥离的爆炸，可是比较难伺候，添煤添柴，烟气呛人。

张爱玲喜欢苏青"到后来常常有点恋恋不舍地"，最主要的就是恋恋于苏青这种生活的暖意。苏青看人、办事、为文，都与物质生活同一。而这份对物质生活的认同，在张爱玲这里就代表了现世安稳。

张爱玲自己是怕受伤害的，一旦嗅到一丝不安的成分，她就会迅速拒人千里，保护自己。但是这样一触碰就敏感的性格，是不是回过头来，也会羡慕苏青这种屡屡受挫却能抗打击，每次依然能全身心地投入的"健康的底子"？张爱玲明了世事的结果是万般皆悲，高处总是寒冷的。所以她才会对苏青这般恋恋不舍，苏青那里有她所匮乏的东西。世人都到苏青处取暖，这里面也有张爱玲吧？

苏青对生活对写作对爱人的要求一直是具体的——就是所有的一切都可以让她结结实实地过日子。而张爱玲的男人是拿来崇拜的。所以说，苏青是女人，张爱玲骨子里面还是小女孩，虽然她写了那么多洞悉男女情爱的文章。

苏青要的丈夫要有男子气概，“本性忠厚，学识财产不在女的之下，能高一等更好。要有生活情趣，年龄比女方大五岁至十岁”。她的爱是有包容性的，虽然她说自己需要家庭，需要男朋友的安慰，但若没有，她照样会让自己过得很好。所以她才会说“在一切都不可靠的现实社会里，还是金钱和孩子着实一些”。

但是不管现实多么残酷，她骨子里面仍然是热的，仍然会兴致勃勃地一头扎进生活中去。这才写得出那些家常的文字。文字里面才会有如此美好的生活的气息。

我的爸爸在夏天有几只常爱吃的小菜，一只是麻油盐拌豆腐，拌法很简单，只要把嫩豆腐买来，开水冲过，然后浇上香麻油，洒些淡竹盐细屑，用筷拌起来就得了。另一只是火腿丝拌绿豆芽，那时金华火腿在宁波卖得很便宜，我们家里总是永远这么挂着三四只的，把它切下一块来蒸熟。撕成丝，然后再把绿豆芽去根，在沸汤中一放下去便捞出来，不可过热，这样同上述火腿丝搅在一起，外加虾子酱油及陈醋，吃着新鲜而且清脆。夏天的小菜顶好不要用油煎烧，我爸爸就说杀只鸡吧，也爱把白切鸡肉抹上盐，过了三四小时后再加大量竹叶青（酒名），使浸着，到了次日便可以用匙捞出来吃了。还有紫褐色的光滑而润的茄子也惹人怜爱，宁波茄子没有上海的那么粗大，它是细细软条子，当中很少粒子，从田里摘下来便洗干净，也是蒸熟透，与番茄拌和着吃时怪鲜口的，酱油可用定海的洛泗油。

这就是苏青亲近人生的方式，隔了几十年我们还能够亲近她。或许，日后千载之下，仍然有人喜欢这样的为文、为人、为事。

几十年后，张爱玲的《小团圆》破土而出。

张爱玲在书中戏称苏青为"文姬"。有人说就是"文妓"的谐音。她把胡兰成出狱后到苏青住处一事也写了出来。其实这一段，苏青在《续结婚十年》中也提到了。当年，胡兰成这个喜欢卖弄女性缘的男人，事毕也主动给张爱玲讲过这一段。这件事，"文化大革命"中苏青在狱中也交代过。

如今，里面涉及的主人公均化为尘埃。这段公案也不了了之。当年的爱恨情仇早已烟消云散。

那个时候，两个人好得恋恋不舍地你写一文我回一篇时，有没有想过：这些爱，这些痛，早晚都会灰飞烟灭的？

咖啡底都是苦的

纽约。

“如果你爱他，就让他去纽约。如果你恨他，就让他去纽约。”

浮花浪蕊

75岁的张爱玲1993年完成了《对照记》，这是一本关于她和家人的照片册。当时世人都还不知道《小团圆》。所以这些为数不多的照片，成为大家了解张爱玲家族、了解她人生的一个间接底版。

让人遗憾的是，她的两任丈夫，不仅没有照片，更没有片言只语。那个胡兰成，伤了她的心，让她看透这个人，不屑一提也罢。但是，赖雅，这个痴爱她的男人，也不着一字。或许不放也好，免得让人一边窥看，一边还要嚼舌头。不过，真有点替张爱玲遗憾。与赖雅在一起的11年，这个高大的美国男人，终于让她有了家的感觉。

翻看她各个时期的照片，唯独与赖雅在一起时脸上呈现出来的是平和与幸福。求学时期，她的照片多半显得木讷茫然。在贵族学校求学，自己除了成绩又没有其他可以攀比的东西，一心就想到英国去，闷头学习，整个人显得呆呆的、恹恹的。当时她在学校的寝室最乱，常被拿出来当“脏乱差”的典型。但她也只是淡淡说一句“我忘了”，来掩饰心底的波澜。成名上海后，她的那些照片，得意又张扬。脸庞无一例外都是高昂着的。我总觉得她过度地透支了这份喜悦，转而命运直下，痛别胡兰成、离开大陆、别走香江。

1952年，32岁的张爱玲向香港大学申请复学获准。7月，她持港大证明经广州抵达香港。过关时，还有一个小小的插曲。虽然护照上面她用的是别名，可是民兵一眼就认出她就是那个在上海写小说的作家张爱玲。在那个没有互联网，不能进行人肉搜索的年代，可见她当时真是红遍了半边天。所幸当年海关并不像后来这么严格，民兵没有为难她，问过也就放她过去了。

真是庆幸，要是她没有走成，接下来的各项政治运动，张爱玲可能都熬不出来。

或许她对大陆的政治空气太陌生也太恐惧，所以她才会借《浮花浪蕊》中洛贞的心境道："自从罗湖，她觉得是个阴阳界，走阴间回到阳间。"离开前夕她报了一个旅行团，去了一次西湖。这是她为自己离开大陆搜集写作素材。当时一桌游客吃饭，她只喝了点烧头，碗里的东西剩着。同桌的人犀利地瞪她一眼，她赶紧把头埋在碗里，心想幸好只是萍水相逢，就算走不成，日后他们也找不到她。还有一次，她去参加一个文代会，就她身上的旗袍网线纱衣分外刺眼，连自己坐在座位上，也觉得不自在。这些感觉，都让敏感的她如大祸临头。再加上与胡兰成的一段姻缘，说什么她都脱不了干系。

好在她终于拿到香港大学允许她复学的证明。否则，可能要不了多久她就会走"时代超人"傅雷的路子。

张爱玲拿着港大的复学证明，去学校报到了。可以判断她的终极目的地不是香港。一纸文凭于她来说，也没有任何吸引力。照我的想法，她要是好好地把书读完，拿到文凭，留下来做一个老师，一边授课一边写作，过着安稳的日子。日子越久越吃香，就算到古稀之年，也还有一代代成长起来的“张迷”追捧。她要的不就是一个“现世安稳”吗?

可惜的是，每个人都只能当马后炮的诸葛先生，谁能提前参悟人生？看别人或许还能旁观者清，看自己更是看不透，只能一步一探。不知道接下来的那一步，到底是康庄大道还是悬崖峭壁。有些人干脆按部就班地等着命运的安排，这样的人生也好。有时，惊险过了都还不知；有时，运气也会掉下来。

但是，张爱玲不要这样的人生。上海写作的经验，使她对自己充满信心。她不是从小立志就要做林语堂吗？她也有用英文写作的信心。所以，去美国一搏，像林语堂一样受人欢迎，就是她最大的目标了。再加上香港离大陆太近，20 世纪 50 年代大陆的政治运动一波接一波，她像许多留在香港的人一样，对这个殖民地的前景忧心忡忡。香港总给她不安全之感。所以，读了不到一个学期，她居然匆匆写信给校方辞掉奖学金，登船去了日本。

原本她认为日本是去美国的一条捷径，但没成功。关于她这一

趟去日本做了些什么，不得而知。坊间有人说，她去投靠炎樱时发现炎樱与胡兰成在一起。不知道真假，但我想她在日本的经历一定很不愉快，否则，她一定会留下些文字写下记忆。按照她的个性，三缄其口的事情，都是让她痛彻体肤的。

三个月后，她再次回到香港。这时她在港大的后路已经断了，就在她请辞奖学金时，关于到底给不给她奖学金的讨论还在激烈地争辩着，帮她申请到复学许可的那位老教授，正在为她据理力争。老师们都知道，当年日本人打进香港时，张爱玲可是一连拿了两个奖学金的，这样的成绩毕业以后可以直接保送进牛津大学。

张爱玲或许并不知就里，贸然辞掉奖学金离开学校，不仅让这位教授大为生气，校方还让她补交学费。日本一行，还有“后遗症”。不久以后，当她应征当译员时，人家对她的身份进行调查，还有人怀疑她是共产党间谍。说好到港是为了读书，学业都没完成就神秘赴日，行踪如此不定，也难怪有人猜疑。

好在她后来在美国新闻处找到一份差事，翻译了不少英文作品。工作期间，她最大的收获就是认识了后来成为她工作上最重要的支持者——宋淇、邝文美夫妇。这两口子后来一直是她作品的第一读者，张爱玲身后，把自己的所有版权无偿地留给了他们。

翻译期间，张爱玲投入精力最多的还是她的创作。这一次，在香港的三年，是她创作生涯的第二个高峰。她写出了《秧歌》和《赤地之恋》两部长篇。1954 年，《秧歌》英文版在美国出版，得到评论界的极大赞赏。这时，她根据 1953 年美国的难民法令——允许少数学有所长的人到美国，可以向大使馆提起申请，成为美国公民。

这次，她成功了。

1955 年，正是秋风飒飒之时，她乘船离开香港。前往陌生的国度——美国。

轮船起航时，她一定两手紧紧地抓着船栏，屹立在船舷边。对着滔滔黄浪，前方是一个茫然无亲、人地生疏的国度，咫尺天涯。一切都是未知，遥远又渺茫。或许，一个家族都会有些特别的脾气不自觉地传承下来。打她祖父那一辈开始，坚硬就像炮烙一样印在身上。张爱玲痛定思痛与胡兰成分手后，再没有与他有任何瓜葛，断得个干干净净。而她晚年像她崇拜的嘉宝一样，离群索居，也干净利落。20 世纪八九十年代，政策放松，她有机会回上海探亲，但都婉转地拒绝了："去过的地方就不想再去了。"但凡她存心想对谁关上心门，都做得很彻底。

这次离开香港，前路根本看不清，但她也敢。

美国梦与胡适

1955年11月，张爱玲抵达美国纽约。她在这里举目无亲，一开始不知落脚何处，过了一段时间经炎樱的熟人介绍搬到一个女子职业宿舍。这个住处是救世军所办，是慈善机构建立的济贫性质的简陋房子，条件艰苦、环境也比较恶劣。投奔者大多是贫寒、失业的人。

救世军是出名救济贫民的，谁听见了都会骇笑，就连住在那里的女孩子们提起来也都讪讪地嗤笑着。唯有年龄限制，也有几位胖太太，大概与教会有关系的，似乎打算在此终老的了。管事的老姑娘都称中尉、少校。餐厅里代斟咖啡的是醉倒在鲍艾里（The Bowery）的流浪汉，她们暂时收容的，都是酒鬼，有个小老头子，蓝眼睛白镑镑的，有气无力靠在咖啡炉上站着。

但张爱玲安之若素。

早在香港时，张爱玲就把自己写的《秧歌》寄给胡适。信上写：希望这本书能“有一点平淡而近自然的境界”。这正是胡适对其钟爱的《海上花》所下的考语。数月有，胡先生回信，对这本书肯定有加。

你这本《秧歌》，我仔细看了两遍，我很高兴能看见这本很有文学价值的作品。你自己说的“有一点接近平淡而近自然”的境界，我认为你在这个方面已做到了很成功的地步！这本小说，从头到尾，写的是“饥饿”——也许你曾想到用《饿》作书名，写得真好，真有“平淡而近自然”的细致功夫。

后来，胡适之先生还把他读过的那本《秧歌》寄还予她。上面通篇浓圈密点。恐怕没有任何一篇评论能如胡适之先生通篇圈点的书这样沉甸甸的了。

到美国后，张爱玲拉上炎樱一起去看胡先生。说起来，他们两家还是旧交。胡适之父亲的仕途起点，是张爱玲的祖父提携的。她的母亲与姑姑也与他同桌打过牌。胡适之如此认真对待张爱玲，或许有一些还张家的恩的情分，但也确实是欣赏张爱玲。

我真感觉高兴！如果我提倡这两部小说（作者按：指《醒世姻缘》和《海上花》）的效果单止产生了这一本《秧歌》，我也应该十分满意了。

不过此时的胡适之先生，并没有享受到在大陆的地位，在美国没有受到追捧。美国人哪里了解新文化思潮、哪里懂得五四运动。胡先生曾不好意思地笑着说过：在这边写文章都是要改的。想当年胡先生在国内学术界、社会上是怎样的地位和身份？仅他这一句话，就一言难尽。炎樱在外面打听了一下也说，这位胡博士不大有人知道，没有林语堂出名。

张爱玲看到这位当年在国内呼风唤雨，神明一样的人物，在美国是这样的境遇，她会不会暗自心惊，且惊且恐。大洋彼岸的人对中国文化是这么的陌生和拒绝。而她的写作又该何去何从？英雄末路尚且如此，她的路又该怎么走？

胡适之先生对这位晚辈很关心，担心她孤身一人寂寞可怜，感恩节邀请她去中国馆子。他又去她居住的女子宿舍探望她，看到张爱玲在这样的环境下还精神抖擞地思考写作，对张肯于吃苦，没有虚荣心颇有赞赏之意。

后来张爱玲写了一篇《忆胡适之》的文章，怀念与胡先生的点滴交往。在众多的追忆胡适之灿若星辰的学术生涯的热闹文章中，这篇读来悲风凉凉的小文，细腻传神地折射出了胡适之当年在美国的一些际遇。张爱玲深深体会到胡适之先生晚年的落寂心境。

我送到大门外，在台阶上站着说话。天冷，风大，隔着条街从赫贞江上吹来。适之先生望着街口露出的一角空镑的灰色河面，河上有雾，不知道怎么笑眯眯的老是望着，看怔住了。他围巾裹得严严的，脖子缩在半旧的黑大衣里，厚实的肩背，头脸相当大，整个凝成一座古铜半身像。……我出来没穿大衣，里面暖气太热，只穿着件大挖领的夏衣，倒也一点都不冷，站久了只觉得风飕飕的。我也跟着向河上望过去微笑着，可是仿佛有一阵悲风，隔着十万八千里从时代的深处吹出来，吹得眼睛都睁不开。那是我最后一次看见适之先生。

在胡适之的身上不知道张爱玲有没有窥到自己的写作命运。她接下来的事业也不顺利。当年美国人对《秧歌》的热情，完全是从政治上考虑。要他们真正理解中国文化，根本难以办到。就算是21世纪，中国文学想在英文写作中打出一条路来，也是万分艰难的。用英文写作的中国人或者华裔，总不可避免地要把文本异化为外国人领会异邦的窥视镜。不怪、不惊、不奇，似乎就不能入他们的法眼。

赖雅，你也在这里吗

张爱玲在救世军的女子宿舍住得并不久，第二年，也就是1956年，她得到爱德华·麦克道威尔写作基金会为期两年的写作奖金。同年2月，她搬到该基金会所在地——新罕普什尔州。

在这里，她遇见了——赖雅。

1956年3月13日两个人第一次见面。营地幽幽的大厅里，炉火发着银蓝的光。新罕普什尔的冬天异常寒冷，谁也不知道几天以后一年之中最猛烈的暴风雪即将袭击这一地区。由于冷，大厅里游乐、闲谈的人不像往常那么多，初来乍到的张爱玲带着新鲜的目光，暗自打量这里的一切。巨大的吊灯自天而降，一个个黄色的小灯泡紧密地挤在一起，发出暖暖的一团一团的小火焰。大厅的木质桌子上了年头，桌子四周一圈，磨得锃亮光滑。有些地方，似乎着了酒，深一块浅一块，像是白兰地。也不知是哪个粗心的人洒的。

这时沙发那边突然爆发出一阵笑声，吸引人不由自主地把目光移过去。张爱玲看到一个高大魁梧的男人正站在格子布沙发后面侃侃而谈，鼻子挺拔且大。他热情洋溢地表达自己的观点，眉宇舒展自然，身旁聚集着好些人。人群不时“轰”的一声笑出来。声音最响亮的，仍是那个男人。张爱玲心想：这种口若悬河的说话方式，势必口沫四溅，坐在沙发上的秃顶男人不知做何感想了。等会儿回到房间后，张爱玲一想到这里，就大笑出声来。她还是上海时的那个样子，不笑则已，一笑，就是开怀大笑，乐出声。抿口浅笑，似乎她学不会！

那个大鼻子的高个男人就是赖雅。这次见面两个人并没有交谈。

想象着两个人的第一次会面，真像是美国好莱坞电影里英格丽·鲍曼碰到爱德华大夫时的情景。这样一个高大、英俊，穿西裤、衬衣谈笑风生的男人，是很容易给人留下深刻印象的。

第二天，我们的男女主人公有了第一次短暂的谈话。短短几分钟的时间，张爱玲给赖雅留下了“端庄大方、和蔼可亲”的良好印象。这个形象与张爱玲留给读者的感觉截然不同，与胡兰成第一次见她更不相同。

或许是因为大洋彼岸的陌生，谁管你是不是李鸿章的后代，也不会去读什么《孽海花》，更没有读过《金锁记》或《封锁》。盛名难却，有着这些累赘外衣的张爱玲常让人觉得难以亲近。其实不是她倨傲，而是她根本就不知道该如何言行才能不辜负那些窥看的欲望。

反而面对一个放松、不带任何目的的陌生人，张爱玲不由自主地放松下来。就像在旅行途中，窗外是飞驰而过的风景，列车轰隆。对面坐着一个温和的男人，他和你聊着诸如天气、阅读等话题。这时，你不再需要任何戒备和矫饰，也随意闲散地说着话。有时候，还会掏几句心窝子。谁都知道，火车一停，这辈子就很难再遇见。

赖雅天性热情友善，对人总是一股脑的热肠子。写作营地的晚餐后，他不是与人高谈阔论、玩纸牌游戏，就是来者不拒地帮人改稿子。他像一道火焰，热烈洋溢地释放着自己的光芒和热量。

孤身一人前途无着落的张爱玲，这时碰到赖雅，一下子从脚底暖到了心窝。赖雅就像一团火苗，发出光和暖，温热了这个中国女子。

这时新罕普什尔正是漫天大雪，皑皑白雪阻挡了一切出路。这两个人，不问前路地相爱了。

1956年5月14日，莺飞草长。这天，是赖雅在麦克道威尔营地的最后一日。张爱玲坚持送到车站。站台前，张爱玲向赖雅倾诉了自己在美国的困境，却不是让对方承担自己。面对这样一个“饱藏强烈能量”的男人——多年以后张爱玲这样形容，她更多的是敞亮自己的状态，让对方了解自己的一切。虽然，没有媒妁之言，也没有将来明确的打算，但是，这个男人给了她安全感和温暖感。所以，面对他，一切都是自然。

拮据的张爱玲，一双慧眼早就看出这个也来营地获取免费居住和写作的美国男人，经济状况并不好。所以，她亦不要他负担什么。反而，临别赠金。这一举动，在当时她自己的那种状态来看，似比虞姬对项羽的理解，让人唏嘘。

当年胡兰成匿名潜逃，张爱玲一直给他汇钱汇物，情伤分手之际，还给了他30万元的“分手费”。这是因为，她知道，胡要继续逃亡，又不敢光明正大地谋生，手头无钱。与赖雅，日后俩人的生活也是她一人承担起养家糊口的重担。后来从美国回香港写剧本赚钱养家，熬得两眼因溃疡而出血。这样一个女人，大家却因为她难以接近，而说她“冷”。哪知她一旦为一个人付出，就这样掏心掏肺、肝胆相照。两个男人，两次婚姻，都只差要了她的性命。

结婚，但不要孩子

如果没有一桩意外，她与赖雅，可能就靠着书信往返，抑或相约于某个免费的写作营地，让两地情亦浓亦淡、亦亲亦疏地牵连。爱，不能坐实在琐碎平凡的家庭生活时，就只能飘荡在旅途间。

1956 年 7 月 5 日，张爱玲的一封信寄到正在萨拉托卡泉镇的赖雅手上，信中说自己怀上了赖雅的孩子。这个消息对两个人而言，都不会带来新生父母的那种喜悦。张爱玲自己就是孩子一样的人，胡兰成就从她的身上发现孩子气质的存在。而她日常生活中能力的欠缺，也使她根本没有精力来照顾小孩。她本身也不喜欢小孩，对生育这件事充满恐惧。

凭空制造出这样一双眼睛，这样的有评判力的脑子，这样的身体，知道最细致的痛苦也知道快乐，凭空制造了一个人，然后半饥半饱半明半昧地养大他……造人是危险的工作。

……

我们的精力有限，在世的时间也有限，可做，该做的事又有那么多——凭什么我们要大量制造一批迟早要被淘汰的废物？

同时，两人经济上都比较拮据。负担自己都够呛，还要加上一个孩子，那简直是不可能的事情。

以张爱玲的个性，如果是她自己能解决得了的事情，她也不会写信去告诉赖雅。何况，这么一写，极容易让人误会是那种拿事儿要挟男人的女子。

想必，当她得知自己怀孕后是怎样的恐惧和无助。何况她从来没有过怀孕的经验，与胡兰成时没有，如《小团圆》中和燕山一起时，亦没有。

这件事情，赖雅做得很男人。他当天提笔写信向张爱玲求婚，这时窗外大雨倾盆，赖雅冒雨跑到邮局，把这封信投进了绿色的邮筒。赖雅下定决心步入婚姻的殿堂，着实不易。因为他每个月就只有 50 多美元的养老金，连养活自己都困难，更别说支撑一个家庭了。我想如果没有对一个女人强烈的感情，一个男人是不会这么快就下决心的。

不过，这封勇敢的求婚信，还没有寄送到当事人的手中，当事人就赶来了。在这个举目无亲的地方，一切都生疏，连下一步该怎么做她都不知道。这时，她太需要一个肩膀靠一靠了。

数日的盘桓，两个人做出了一致的重大决定：结婚，但不要孩子。

十几年后她在纽约，那天破例下午洗澡。在等打胎的来，先洗个澡，正如有些西方主妇在女佣来上工之前先忙着打扫一番。

急死了，都已经四个月了。她在小说上看见说三个月已经不能打了，危险。好容易找到的这个人倒居然肯。

怀孕期间乳房较饱满，在浴缸里一躺下来也还是平了下来。就像已经是个苍白失血的女尸，在水中载沉载浮。

女人总是要把命拼上去的。

她穿上黑套头背心，淡茶褐色斜纹布窄脚裤。汝狄只喜欢她穿长裤子与乡居的衣裙。已经扣不上，纽扣挪过了，但是比比说看不出来。

“生个小盛也好。”起初汝狄说，也有点迟疑。

九莉笑道：“我不要。在最好的情形下也不想要——又有钱，又有可靠的人带。”

……

他（打胎的）走了。

没一会，汝狄回来了，去开碗橱把一把劈柴斧放还原处。这里有个壁炉，冬天有暖气，生火纯为情调。

“我没出去，”他说，“就在楼梯口，听见电梯上来，看见他进去。刚才我去看看他们这里有些什么，看见这把斧头，就拿着，想着你要是有个什么，我杀了这狗娘养的。”

……

夜间她在浴室灯下看见抽水马桶里的男胎，在她惊恐的眼睛里足有十吋长，笔直地欹立在白磁壁上与水中，肌肉上抹上一层淡淡的血水，成为新刨的木头的淡橙色。凹处凝聚的鲜血勾画出它的轮廓来，线条分明，一双环眼大得不合比例，双眼突出，抿着翅膀，是从前站在门头上的木雕的鸟。

恐怖到极点的一刹那间，她扳动机钮。以为冲不下去，竟在波涛汹涌中消失了。

就这样，张爱玲和赖雅把他们唯一的孩子打掉了。

自己爱的人正好爱着自己

尽管有着怀孕的恐惧，但是张爱玲在这个小镇上与赖雅相聚的那些日子，应该是愉快幸福的。毕竟一个男人开口向你求婚，虽然不能承诺任何未来，但是，此时此刻，他是爱你的。对于孤身飘零的张爱玲来说，在美国有一个家，比什么都重要。

想象一下，小镇上，两人晚餐后手挽手地漫步在树林边的小河上。正值盛夏，绿树成荫、河水悠长，两个人不用说什么，好多的话，有足够的时间留着以后慢慢讲。走在他的身旁，看时光、河水慢慢流淌，这比什么都重要。在美国，张爱玲一直在寻找落脚的地方，但找到的都不是家，只是宿舍。就像当年在学校一样，随时都可以离开，随时都可以解除，没有长性，没有安全。不像现在，身边的这个男人，答应给她一个家。虽然家在哪里，一切都还需要确定，但是，当这个男人开口向她求婚的那一刹那，家，就是他了。听着自己欢喜的笑声，她一时间有点恍惚，自己只有在 27 岁之前，曾经这样开怀过。那时候，很多笑，是为了另一个男人。都不记得自己有多久没有这样心无旁骛地大笑了。虽然这样的笑，曾被母亲批评为没有淑女风范。但，此刻，能做自己真的很好。

赖雅，对自己也觉得不可思议。因为他往往是“闯了祸就跑的”。这次，不知道这个来自中国的女人有什么魔力，让他驻足难逃。走在她的身边，听着她不时爆发出来的爽朗的大笑，自己也觉得满心欢喜。河水无声地往前，把树的影子一幕幕地带走。很像自己笔下的好莱坞电影里男女主人公定情时的幕布背景。两岸蔷薇枝头累累，不少都垂到河面上。看那河水在花枝前打一个盹又急急地往前赶。他紧紧地拉着她的手，幸福地叹了口气。或许，冥冥中一切都是注定的，生来两个人就要相遇、相亲、相爱。

他的人生，从父母离开德国来美国定居，从他二十多岁在麦克道威尔基金会戏剧节有一部戏剧入选，到他离开好莱坞到各个文学营地去，难道都是为了几十年后在这个麦克道威尔基金会的营地里，碰见这个中国女人吗？

爱情是美妙的，现实却不能容你做梦。婚前，赖雅不得不老实地告诉张爱玲，自己一个人糊口还行，但养不了家。对于赖雅的实际状况，张爱玲早猜得了个七八分。跑到免费营地来的人，经济条件都不会好。不管怎样，当你四旁无依时，有一个你对他很有好感的人愿意接纳你，那么钱不钱的，就都不算什么。炎樱不是说过“一个头比两个头”好么？当然，她这句玩笑话是指枕头上。现实中，不也是这样吗？两个人共同经营一件事情，总不见得就过不下去，不是还有一句话：两人同心，其利断金。

赖雅是张爱玲在这个庞大陌生国度上的亲人。

1956 年 8 月 4 日，张爱玲与赖雅在纽约结婚。这次婚礼，炎樱也参加了。

在外人眼里，这对异国夫妇实在相去甚远。赖雅不仅是一个作家，他混迹于文学圈，更像一个文学活动家，朋友、应酬满天飞。而张爱玲即使在最飞扬的年头，也视交际为畏途。

任何与政治挂钩的事情，张爱玲都不肯与此沾边。就算当年与胡兰成、与左翼文学，她都不是站在政治上来考虑的。而赖雅当时恰是著名的左翼文人，要是在中国，他就属于张爱玲最不愿意与之为伍的那群“超人”。

赖雅还大张爱玲 29 岁，结婚这年，张爱玲 36 岁，赖雅却是望七的老人。

生活中总有传奇。这对夫妻，相处得很好。

赖雅与前妻所生的女儿在谈到父亲对张爱玲的感情时，是用“痴爱”这个词来形容的。无独有偶，炎樱后来谈到赖雅时也说：我从来没有见过一个人如此痴爱另一个人。

张爱玲在写给朱西宁的信里说：他是粗线条的人，爱交朋友，不像我，但是我们很接近，一句话没说完，已经觉得多余。

很多年后，孑然一身的张爱玲，接受了詹姆士·莱昂的采访。这位布莱希特的研究者，之所以采访张爱玲是因为赖雅是布莱希特的好朋友，当年布莱希特流亡美国，赖雅提供了最为热情和周到的帮助。后来，布莱希特蜚声文坛，研究者甚多。但凡研究布莱希特，都不会忽略他流亡美国时的活动，而这些活动无一例外都与一个人有关联：那就是赖雅。

与以往不同的是，张爱玲对这个陌生人敞开了心扉。她对赖雅的文学成就有着客观慎重的评价。没有因为他是她的夫，刻意拔高。

从她的谈话中可以看出，她懂他，很深。而且她爱他。

平实也是一种幸福

婚后的生活，平淡如实。

赖雅生性仁厚，一旦与谁有了感情，天长日久，情感愈加浓烈。张爱玲与其在一起的生活，不像原来与胡兰成那样，两个人“坐而论道”，喜爱的都是对方的锦口绣心。赖雅承担起家庭中繁杂琐碎的事情，而这些事情不仅是张爱玲嫌麻烦的，也是她不擅长的。

赖雅看出这个中国女人在文学上有自己的抱负和野心，也有自己的天赋和才华；而对于他自己，虽然年轻时得到过很多光环，但现在他对文学已没有太多的诉求。他心甘情愿地做起了这个家庭的后勤。诸如买菜、做饭、打扫卫生、跑邮局寄稿件、上银行、到杂货店购物之类的琐事，基本上赖雅一人就解决了。虽然整个家庭的经济基本上是张爱玲在承担，但是，赖雅从另一个层面给了张爱玲温暖和爱，这才是家的感觉。

而在一些大事上，赖雅也遂张爱玲的愿。张爱玲对乡下清静单调的环境难以忍受，喜欢大城市喧闹鼎沸的生活，这多么像当年她在香港、在上海，在那些高高的公寓阳台上听电车声、看圆月、吃盐水花生留下来的生活习惯啊。这也是她最享受最喜好的城市之声。

赖雅虽然喜欢乡下简单的生活，但是为了张爱玲他最终还是放弃了自己的打算，与张爱玲一起申请去一些大城市的文艺营地，后来又在繁华热闹的旧金山定居。

这个男人是很宠张爱玲的。

天气好的时候，赖雅会给张爱玲当导游，与她一起领略美国城市的各种美。他们到过纽约、波士顿、华盛顿、旧金山等城市。张爱玲曾经说过，只要有赖雅，只要是赖雅陪着她，那么这个城市整个都是她的。这是多么饱含深情的依恋。

有空时，他们手牵手去看电影。不要忘了，赖雅可是给好莱坞当了 12 年编剧。听赖雅谈起好莱坞电影的各种八卦趣闻，张爱玲乐得哈哈大笑。而这些电影张爱玲并不陌生，她也是一个影迷。当年在上海时，她曾经如痴如醉地追捧过每一部电影。

赖雅是那种天生的乐天派，与他在一起都会被他的温暖、热情所感染。他常常带着张爱玲走街串巷，吃遍小吃，领略当地风光。这些地方，于他来说多半是旧地重游，他熟门熟路、热情周到、谈笑风生、幽默风趣，给整个行程增色不少。有一年张爱玲过生日，他还带着对脱衣舞表演好奇万分的张爱玲一起去观看。当爱情坐实在生活琐事上时，不见得都变得平庸，反而有了更加可靠的依恋。

还不仅如此，赖雅更是张爱玲了解美国、进入美国社会的向导。有了赖雅这样一个孜孜不倦的“老师”，张爱玲才能迅速地了解这个陌生的国度，包括各种政策、福利、责任、权益。可以说有了赖雅这样一个当地人，张爱玲才有了被认同感。

1958 年 9 月 30 日，是张爱玲 38 岁的生日。没想到那天早晨，秋雨飒飒，气温一下子下降好多。刚开始还是小雨，慢慢地，雨变大了。雨滴打在窗玻璃上，画出一个又一个大大的圆。树叶夹着雨飘落一地。有些黄尽，有些却还有半成绿意。怎不敌这秋风秋雨，一起都掉了下来。

赖雅望向窗外，不知道这雨何时才会停。这时，联邦调查局派人来核查赖雅某项债务问题，真有点雪上加霜的意味。但就这么着也没能影响赖雅的心情，他唯一的想法就是这些人快点离开，雨快点停下来，好让他们的好戏开场。

还是天公作美，联邦调查局的人走后，天也放晴了。他们的庆典说起来真的很简单。就是先去邮局寄了封信，然后回家晚餐。接着张爱玲梳妆打扮，两个人看了一场电影。再回到家中，吃完剩下的饭菜。看起来好平常平淡的内容，张爱玲却告诉赖雅，这是她有生以来最快乐的生日。

或许真的不需要惊涛骇浪的惊喜，相爱的人能手牵手没有任何干扰没有任何顾虑地做一些平淡的事情，也觉得幸福和满足。

平常生活中才直见“死生契阔，与子相悦；执子之手，与子偕老”的真实。

命运让你痛，你却要回报以歌

幸福的生活各有各的幸福，不幸的生活也有不同的不幸。在开始与赖雅的这几年的生活中，欢愉中有时也有愁云。结婚才两个月的时候，赖雅就中风了。事实上，早在 1943 年他就有过一次轻度中风，1954 年 63 岁时再次中风住院。这是第三次，使他变得非常虚弱。1956 年年底时，他的病又一次复发，因面部神经麻痹再度入院。所幸的是，他就像一个打不倒的铁人，总能从病榻中站起来，再一次面带微笑。可赖雅的病无疑给他们的生活投下了难以抹去的阴影。赖雅不仅是她的丈夫，更是她的家、她的全部，是温暖她的那束光。现在，这束光，随时都可能熄灭，平静的生活就像汪洋里的一叶小舟，谁也无法预测下一刻是一如既往地前行还是瞬间就被汹涌的波涛打入海底。

生命是一袭华美的旗袍，爬满了蚤子。

张爱玲 19 岁时参加《西风》杂志三周年纪念征文比赛时写成的《天才梦》里，一语成谶。

与贫穷疾病、生老病死这些压力相比，最让张爱玲痛心的是，她的“美国天才梦”没有如愿以偿。当她艰辛完成的《粉泪》竟然没有一个出版商愿意出版时，她一下子被打垮，病倒数日，一个月之后才恢复过来。两年后，炎樱来信又谈到此事，她不禁再次落泪，情绪低落到极点。有一次，夜里她梦到一位不知名的中国作家取得了极大的成就，相比之下，她觉得很丢人。第二天一早她心痛无比地向赖雅描述梦中的情形。这些，都是她在美国文学梦一再受挫后的反应。

为了养家糊口，张爱玲不得不把半个身子探回母语世界。多年来，在香港给她寻求剧本写作并付给她最高稿酬的好友宋淇，一直帮她。人们常说张爱玲自爱得自私，亲情爱恋在她身上常常毫不留情地一刀斩断，写的文字看透人间冷暖，为人处事也通常决绝。

但是，当皇冠出版社的编辑为她挡了一篇住在洛杉矶的女作家D小姐因参访她不得，转而翻看“采访”她的垃圾物品的报道时，她给出版社的编辑写了一封信：

有时候片刻的肝胆相照也就是永久的印象，我珍视跟您这份神交的情谊，那张卡片未能表达于万一，别方面只好希冀鉴谅。

同样，在她自知来日不多时，她把自己所有作品的版权全部留给了宋淇夫妇。就因为当年他们夫妇俩曾经帮助过她。

这就是张爱玲，对自己母亲写信来求临终一见，终还是把信搁下，隐忍不发。对着一个素未谋面的编辑却能写下“肝胆相照”这样的字眼。同样的人，为何一个看似寡情，一个却形似深情？

仔细想想也想得通，她就是这样的一个人。一切都依从自己的内心，对人对事绝没有半点勉强，一边可以拥有浓烈柔情，一边又可以云淡风轻。同时眼里容不得半点沙子。简单到常人觉得没有人之常情，又仰或简单到让人接受起来分量不轻。

剧本写作其实并不是她所愿。多年后，当詹姆士·莱昂采访她时，对于赖雅的编剧创作，她认为正是在剧本写作时过多地运用套路模式，以及取悦观众的剧情安排，这些公式和窍门破坏了他成为一个严肃作家的资质。张爱玲不仅深深地懂得赖雅，同时，她还了解剧本写作。从她给香港电影圈写剧本开始，她就明白这些驾轻就熟的题材、故事，可以说都是某种公式的派生物。只要熟悉公式，加入适当的技巧，把人物填充进去，一部剧本也就完成了。而这种东西写多之后，创作者的开拓思想会被削弱，落笔处更会缺乏个性。如果创作者本身没有很强的抵御能力，更容易被这种模式牵着鼻子走，久而久之，完全都是套路的东西，自己的文学之路却越来越窄。

想一想，好莱坞本来就是一个只看是否卖座、只认票房的光怪陆离的圈子，它哪里管你“严肃作家”的梦。而这个声色利诱的圈子，多的是人趋之若鹜。赖雅能在里面写12年的剧本，既是幸也是不幸。

1961年夏天，张爱玲打算为她计划写作的英文小说《少帅》到台湾搜集资料，同时她想去香港寻找更多的谋生机会。赖雅虽然不情愿，但也没有理由阻止她。就这样，10月，张爱玲离开旧金山飞往台北，带着她对新机遇的憧憬。计划写作中的《少帅》是以张学良为原型的小说，她指望着能以这个美国人比较熟悉的人物故事来打开美国文坛的局面。同时，香港那里等着她的工作是要把她钟爱一生的《红楼梦》改写成一部上下集的电影。这些都是她很喜欢做的事情，更可喜的是，她开始受到台湾一些文艺圈子的追捧。

另外，虽然在美国生活了6年，但是毕竟不是自己的母语圈子。在这个国度，不被认可带来的陌生感、距离感，始终折磨着她。这次，终于拿到绿卡，获得美国公民身份，终于可以不再为绿卡而心悬上下；终于可以放心地离开，不用担心回不来。张爱玲选择这个时间回台湾香港，颇值得玩味。

回到有着同样审美和观念的环境，听着熟悉的母语，看着相似的面孔，这些都让她放松。就像我们在水里憋久了，猛地冲出水面，重重地舒坦地深呼吸，是那样的痛快、恣意。

采访张学良的愿望落空了，其实想一想都能知道，此时张学良还被软禁，怎么会允许人采访呢？但这没影响她的心情。因为此时，她在台湾已有一帮追随者。夏志清后来广为流传的《中国现代小说史》中，专为张爱玲开辟一章。这一章最初曾以论文的形式出现，1957 年由夏志清的哥哥夏济安翻译后刊登在台北的《文学》杂志上。夏济安是台湾大学外文系的教授，白先勇、欧阳子、陈若曦等人都是他的学生。经由夏济安的推荐，夏志清的文章无疑引起了这些日后成为台湾文坛著名人物的文学新人对张爱玲的关注，或者说是敬意。

这样的一次旅行让张爱玲兴致甚高。因为读了王祯和的小说《鬼·北风·人》，看到里面对花莲的描写很感兴趣，还安排了一次花莲之行。按照计划，她还准备从花莲去台东、屏东，参观屏东的矮人节，而后取道高雄回台北。

可是刚到台东，张爱玲就接到消息：赖雅严重中风。

算起来她离家不过十来天，回不回去，这样的问题让她左右为难。当时她离开美国时只买了一张单程机票，手头并没有多余的钱买回程票，她是带着孤注一掷的决心想着要在香港大干一场的。现在连香港都没看到，她怎么心甘？庆幸的是，赖雅的病情也基本稳定下来，而他这一病也需要更多的花费。带着矛盾的心情，1961年11月，张爱玲到了香港。

这是她有生以来第三次到香港，也是最后一次回到祖国。

但是这次香港已经不复亲切。电影界的情形与20世纪40年代的上海和50年代初的香港的电影圈大不一样。电影公司对编剧不大重视，一切都是老板和导演说了算。剧本会被随意篡改，编剧也得随时根据导演或者老板的意思修改脚本。

她需要改写成上下集的《红楼梦》本子，一再修改，很长时间都没有通过。这期间，她甚至完成了另一个剧本。《红楼梦》改写未遂，她就拿不到稿酬，那么她的香港之行就完全失败了。所以，在身体状况不佳的情况下，她仍然不得不加班加点，眼睛写出血来，也不忍放弃。更让人心惊的是，修改过程中，听说另一家电影公司居然也抢着要拍《红楼梦》，而现在这家公司可能要放弃这个计划，这更让她心急如焚。

夜深人静时，在狭窄的居室里，从窗口望着遥远的月光，而此时，香港的月亮是那么的陌生和冷漠。这个她一再认为能给她带来好运的“朵云轩信纸上的一滴泪”，这个有着强烈冲撞的鲜艳色彩让她喜欢的地方，这个不同文化种族大杂烩的地方，第一次让她如此心凉。

在香港盘桓几个月后，张爱玲才与赖雅联系上。之前她写的信之所以石沉大海全是因为她弄错了地址，现在得知赖雅病情大见好转，她悬着的心终于放下来了。赖雅每一封来信，都催促她早日回去。如果说两人的婚姻，一开始多是张爱玲依赖赖雅，那么此时，久病年老的赖雅不仅从身体上，从心理上也开始依赖张爱玲了。每一封来信，他都盼着她回家。

家，对于这两个人来说，非比寻常。孤独、失意、沮丧的人，只有回到家中才能温暖。那份依赖和依恋，不仅是疗伤的良药，更是生活下去的希望。

赖雅在信中告诉张爱玲，他找了一处新家，就装修风格，他们在信中还讨论了一番。对于营造一个温暖的家，两个人都很用心。可见，他们彼此是非常珍惜对方的。

就这样，虽然香港的事情悬而未决，1962 年 3 月 16 日，张爱玲铩羽而归。

这一次远东之行，可以说收获甚微。但当赖雅在华盛顿机场迎接她时，他并没有看到一个愁容满面、疲惫不堪的张爱玲。或许是因为看清了现实并接受了现实，她反而有一份放松。或许是因为看清，她对自己的将来有了新的调整和计划。回到美国的张爱玲显得生机勃勃。我想这份生机的后面，还有一种昂扬的斗志。

分别了半年的两个人，在赖雅选中的公寓里面安顿下来，过了一段平静的时光。虽然没有采访到《少帅》的主人公，她还是投入写作，同时继续给香港电影公司写剧本。

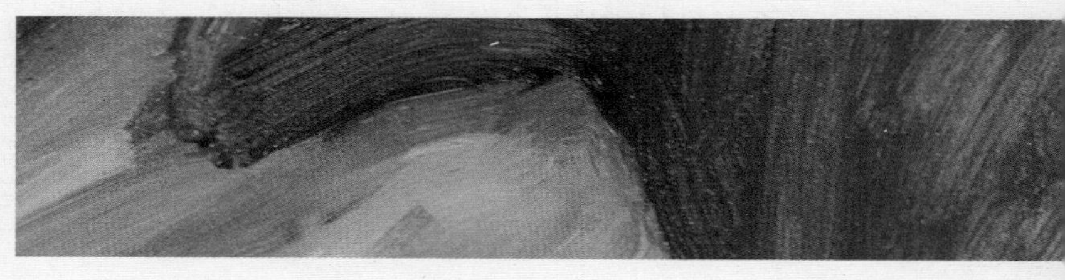

人生就是一场场考验

20世纪60年代中叶，赖雅瘫痪在床，丧失了工作和自理能力。这时，张爱玲更得埋头写剧本赚钱养家。不仅如此，她还得扮演护士、义工的角色。不擅长家务的她，要去照顾一个大小便失禁的人。这些困难她都只能一个人扛着。可见，这时她生活和精神上承担着怎样的压力。

雪上加霜的是，一直给她在香港联系剧本工作的宋淇，离开了电影公司。而写剧本一直是她经济上很大的来源。她不得不从所住的公寓搬到黑人区中福利性质的廉价住所。同时，她重新联系美国新闻处，寻求更多的翻译工作，并将美国之音的一些西方名著改编成广播剧。

对于张爱玲这样一个有着强烈的文学梦的文学迷来说，没有文学创作，不能写作自己喜欢的文字，其实是非常痛苦的。这种痛苦，于常人来说难以理解，但对于她来说，简直比掏心掏肺还痛苦，完全是抽掉了她生命的轴心。成天对着一个病入膏肓，已不可能康复的人，她会是怎样的心情？

后人推测她此时的状态，常常用她在港大读书经历港战时，写成的《烬余录》来判断。那时日本人攻城，18天后香港沦陷。时间虽然不长，但全城人还是经历了一次生死场。张爱玲她们这些港大的学生也不例外，逃难的逃难，没有地方可逃的人，为了有口饭吃，就去做看护。

有一个人，尻骨生了奇臭的蚀烂症。痛苦到了极点，面部表情反倒近于狂喜……眼睛半睁半闭，嘴拉开了仿佛痒丝丝抓捞不着地微笑着。整夜地叫唤："姑娘啊！姑娘啊！"悠长地，颤抖地，有腔有调。我不理。我是一个不负责任的，没良心的看护。我恨这个人，因为他在那里受磨难，终于一房间的病人都醒过来了。他们看不过去，齐声大叫："姑娘。"我不得不走出来，阴沉地站在他床前，问道："要什么？"他想了一想，呻吟道："要水。"他只要人家给他点东西，不拘什么都行。我告诉他厨房里没有开水，又走开了。他叹口气，静了一会，又叫起来，叫不动了，还哼哼："姑娘啊……姑娘啊……哎，姑娘啊……"

三点钟，我的同伴正在打瞌盹，我去烧牛奶，老着脸抱着肥白的牛奶瓶穿过病房往厨下去。多数的病人全都醒了，眼睁睁望着牛奶瓶，那在他们眼中是比卷心百合花更为美丽的。

香港从来未曾有过这样寒冷的冬天。我用肥皂去洗那没盖子的黄铜锅，手疼得像刀割。锅上腻着油垢，工役们用它煨汤，病人用它洗脸。我把牛奶倒进去，铜锅坐在蓝色的煤气火焰中，像一尊铜佛坐在青莲花上，澄静，光丽。但是那拖长腔的“姑娘啊！姑娘啊！”追踪到厨房里来了。小小的厨房只点一支蜡烛，我看守着将沸的牛奶，心里发慌，发怒，像被猎的兽。

这人死的那天我们大家都欢欣鼓舞。是天快亮的时候，我们将他的后事交给有经验的职业看护，自己缩到厨房里去。我的同伴用椰子油烘了一炉小面包，味道颇像中国酒酿饼。鸡在叫，又是一个冻白的早晨。我们这些自私的人若无其事地活下去了。

大家总是用这篇文章来分析，认为张爱玲此时此刻对赖雅也是这样的心情。

其实这些看似冷血的描写，仅仅是战争中，一群年轻学生的写照。张爱玲冷静地，没有粉饰、也不夸张地写出来，她展现在读者面前的是人性。但并不是她的全部。

有时候，文学造诣很高的人，为文与为人常常能泾渭分明。所以以此文来推测张爱玲，实在是欠妥。

当年，为了那个胡姓男人，她跨过诸江丽水、颠沛流离地去找他。为了与赖雅的生活更好些，她写作写得两眼流血。这些事情，又是常人能够承受并坚持的吗？

我想，面对病床上终不可康复的丈夫时，张爱玲更多是哀伤而不是愤怒。或许也有抱怨也有失望，但，当看着一直紧紧拉着的手，渐渐地放松时，心中的痛苦又哪是旁人能够理解的？

张爱玲曾经尝试请人来照顾赖雅，自己前往营地写作挣钱。但是别人的照料难以周到，这一尝试还是行不通。

1967 年，她申请到洛克菲勒基金会的资助，此外，雷克德里芙大学也向她发出邀请。这一次她把丈夫带在了身边。

1967年10月8日，生命落幕了。赖雅离开了。

后来那个布莱希特的研究者采访张爱玲时说：

她与赖雅最后的那几年过得艰难（赖雅晚年健康状况恶化，致使他生活起居几乎事事要人照料），我很讶异在这样的前提下，她能敞开心怀毫不忌惮地与人谈论他。言辞中，她对这个在生命将尽处拖累她写作事业的男人，丝毫不见怨怼或愤恨之情。相反地，她以公允的态度称许她先生的才能，说明他的弱点所在。

赖雅去世时76岁。这时张爱玲47岁。照理说，她还有爱人或者婚姻的机会。但从此，她关闭心门。赖雅去世多年后，她仍冠以他的姓。

倾城之恋的香港

我喜欢贵阳的青岩。喜欢那里的青石板路和石板搭建的小房子。它留在我心中的全是迤逦的记忆。

有一次，正逢雨后，走在湿漉漉的石板路上，靠着绿油油的墙上的青苔，对着镜头微笑。

有一次，一个温暖的春节。田边的油菜花抢先开放。我站在城门前对着镜头，风把头发吹得直往上冲。眼睛里都写着笑。

有一次，坐在石板房的二楼，啃猪脚吃糕粑稀饭和炸豆腐。可口的午饭。临窗前，看着别人屋顶的一片片青色的瓦片，像一个个小脸那样荡漾开去。

有一次，在青岩民族小店里，淘到绿色的耳环一副。戴在耳朵上，是那温馨的浪漫。

有一次，穿着从青岩出来的衣裙。走在异乡的阳光里，绽放微笑。

这就是青岩，我喜欢那里。

二中门前邂逅张爱玲

第一次读到《倾城之恋》，是在二中门前文笔街转角的小书店。

记不得店名，印象中有一个灰蒙蒙的招牌，招牌下是红油漆的木门。还是那种老式的木板门。一块一块长条形的木板组合起来，就成了门。每块木板大小形状基本相似，奇怪的是，你要是把它们调换次序，这扇门关起来就不那么伏贴。常常听见下班关门时，有人哐当哐当地拍打门板。懒得记它们顺序的人，就在木板上用白色粉笔写下阿拉伯数字。关门闭户时，你从跟前走过，常会不自主地顺着数：1、2、3、4、5……

小书店七八尺见方，三面书架，没有窗户。木板门卸下来，老板就紧贴左边书架倒放在地上。如果，你要拿架上的书，那么你得踮着脚尖把手伸长了去够。注意要保持平衡，别不小心一脚踏在人家门板上。仔细一看，红漆蹭掉不少。没有漆的地方，露出里面淡黄色的木头芯子。

老板在一进门的右侧，放小小的书桌一张。上面铺开一些市场上比较受欢迎的书。他从不招呼顾客，自顾自地埋头看书。我喜欢去这样的店。没有寒暄的压力，也没有购物的压力。来去自如。

那天，英语老师又一次无故拖堂，所以我比约定的时间晚了将近一个小时才到书店。学校大门离书店也就三四分钟的距离。虽然近，却因为在转角，你在这头，其实什么也看不到。心里七上八下，不知道 T 会不会生气。那时，没有手机，也没有后来完全被淘汰的 BP 机。发不了短信也无法告诉对方自己的处境。不是有人说，在那个年代，一旦出了门，就相当于失踪？

好难想象那时，人与人之间是怎么保持随时联络的。是不是，其实不用时时让人找到自己，也不用时时都与人保持联系。在现在这个年代，让自己耳根清净，也是一件奢侈的事？

曾经在饭桌上，听到一个美女说，她要是五分钟不开手机，她就觉得与这个世界失去了联系。她想象这没有网络的五分钟，她的手机一定被人打爆了，纷纷扑来的短信挤满的信箱，满世界都有人在找她。而地球那一头，一定发生着惊天动地需要她去解决的事情。而她，因为失去这条联络的通道，整个人不知所措、茫然无知、寸步难行。

人，有时把自己看低些，也是一种智慧。

还是说那个 5 月初夏的事。

G 城的夏天，向来比较凉爽。我们都还穿着长袖衬衣。临近期末，C 老师都会疯狂地加班加点，期望把我们修炼成机器人。有做不完的《英语辅导》。趴在课桌上，说不出的疲惫。一旦跳出学校，我才活络过来。晒着外面的阳光，人也有了暖意。我三步并两步地顺着斜坡往下赶。一转身，站在书店门口。

没人抬头看我。

老板看着自己的书。

T 紧紧地贴在右边的书架上，头埋在一本书里。

我等着 T 抬头看我。

T 突然合上书，面向书架说："今天你迟到了。"我正想派 C 老师的不是，T 忽地扭头过来，摇摇手中的书笑道："我今天找到一本好书。你来得不巧，我还没有看完。"我挤过去，"给我看看是什么书？"看着 T 没有因为我来晚而生气，我舒了一口气。注意的重心转而放在书上。

封面简单得有些敷衍。上面只有四个字：倾城之恋。

“谁写的？”

“张爱玲。”

那个下午，我和T站在书架前，歪着头，囫囵吞枣地看完了书中同名的那篇不长的小说。我很佩服地看着T：“你是怎么发现她的？”T洋洋得意地扇扇手中的书：“是不是你们又加课了？那么这要感谢你们的C老师了。要不是在这里耽搁这么久，我也不会翻到这本书啊！”

书还比较新，孤零零的一本插在书架上。那个时候，还没有后面的如火如荼的张爱玲热，但是已有书商敏锐地捕捉到一些信息，在没有授意版权的情况下，大量任意地印制了她的很多著作。这本书，想必就是这样制造出来的。

那天，从书店出来时太阳已经落山了。这是我们第一次阅读《倾城之恋》。

去浅水湾寻那堵墙

若干年后，我到香港。哪儿都没去，先去了浅水湾。

原有的浅水湾酒店 1982 年已经拆了，改建成现在的影湾园商场及高级酒店式公寓。虽然重建时保留了当年的特色和风格，在外观上与昔日的浅水湾酒店面貌差别不大，还是那两层楼的带欧陆风情花园的长长一排小房子。恍然间，没有看到范柳原、白流苏，倒是看到那个印度的萨黑荑妮公主挺着古典的直鼻子、殷红的厚重的小嘴唇、黑沉沉的大眼睛深深地框在黑眼影里，两颊像飞了金的观音菩萨，穿着领口直开到腰际的极窄的 V 字形金鱼黄紧身长衣站在酒店二楼的阳台上。那是巴黎最新的款式。

她似梦非梦地看着酒店下面的沙滩、海水，半梦半醒间，翘着十指尖，上面涂着嫣红。

在我的印象中，这才是香港，才是浅水湾，才是白流苏、范柳原的世界。

旅游观光者只知道铜锣湾、兰贵坊、时代广场、SASA，他们就是冲着“ON SELL”来的。行色匆匆，一副时不我待的样子。在维多利亚湾没有沾上海的潮气，在山顶没有领略重峦叠嶂的万家灯火，在地铁中没有体会庞大而精致的复杂。其实他们哪里见过真正的香港？抑或是半岛酒店楼顶的惊鸿一瞥、置地广场的奢华衣物、南北楼的四川小吃？抑或是住在庙街的阿妹很小就涂上口红挣钱养家；一大家子挤在直插云霄的塔楼里，窗子外面咫尺间就是别人的家；惊为天价的房子贵得让男孩子从小就背负挣钱买房的负担，而女孩子就一门心思地寻个好人家？

往往步出顶级商场不到三分钟的步程，一转角，就是若干吃食摊，都挤在高楼的一层铺面。旁边有时就是卖小报杂志的摊儿，随便也卖点饮料。而有些小贩连门脸都没有。往往是一座高层物业一楼鸽子笼一样的电梯间外面，就挂着销售杂物的小纸板。

跻身在若干高耸楼群，两眼都看不到五米之外。午餐时分，西装革履、胸口戴着公司名牌的人，都会下楼来。小小的餐厅一时间挤满了人。也不知道看着油腻的餐桌、握着手中的塑料杯，还有多少食欲。

真不知道到底哪个才是真正的香港。

双层巴士来了。我听着叮叮当当的铃声穿过马路，跳上汽车。汽车起步晃悠间，我已经跑到顶层上去。坐在第一排。那天，下雨了。一扫之前潮闷的空气，雨越来越大，座位前的观光玻璃模糊得什么都看不清。红灯时，我打开左手边的窗子。伸手出去，正好可以抓着路边树丛的树叶。小臂全湿了，我还是乐此不疲。

车启动了。我拉着树叶不放。结果，嘣的一声，树叶拉断了。哗地一下子树叶弹出了白花花的雨水溅到树底下。我偷乐着：谁要是这时站在树下肯定会觉得雨下大了。

听着斑马线上的警示铃声，伸出手摘车窗外的树叶。我心里面全是满满的快乐。或许人生有时候就需要这样随性恣意的小小的快乐。

汽车山回路转地前行着，雨开始一点一点变小了，突然间，一下子就收了。或者因为是热带季风气候，这里的雨说下就下，说停也就停了。等汽车在浅水湾停站时，太阳已经明晃晃地挂上天头。

我跳下汽车时，手搭凉棚挡着两眼。还没有站稳，汽车咣唧一声又关门开走了。车站设在山路上，远眺，就是浅水湾了。

我一个人在沙滩上走。背后就是影湾园商场及高级酒店式公寓。公寓楼的整体构造正中心是镂空结构，看着觉得好奇怪。香港人讲究风水，或许觉得这样的设计，既得山又得水。正中心的这个空，正好可以看见楼身后青色的山。山那头的风，穿洞而过，呼啸地越到海面上。海上的潮气，也能蔓延至楼群，与群山呼应。

我来来回回地在沙滩上走。身后留下一串串潮湿的脚印。沙滩上隔几米就种有一棵树。我从这头走到那头，寻找那空中飞跨的一座桥梁。因为，桥这边是一堵灰砖砌成的墙壁。反复寻了几次，都没有找到那堵范柳原和白流苏的墙。那堵，我认为会横亘在宇宙间、存在于时间的无涯的墙。

柳原靠在墙上，流苏也就靠在墙上，一眼看上去，那堵墙极高极高，望不见边。墙是冷而粗糙、死的颜色。她的脸，托在墙上，反衬着，也变了样——红嘴唇、水眼睛、有血、有肉、有思想的一张脸。柳原看着她道："这堵墙，不知为什么使我想起地老天荒那一类的话。……有一天，我们的文明整个地毁掉了，什么都完了——烧完了、炸完了、坍完了，也许还剩下这堵墙。流苏，如果我们那时候在这墙根底下遇见了……流苏，也许你会对我有一点真心，也许我会对你有一点真心。"

因为有了这堵墙，才让我觉得浅水湾与众不同。这堵墙承载着太多人对爱情的幻想。我总固执地认为范柳原就是在这堵墙下，与白流苏一起看着落日下的浅水湾，看着那澎湃的红的、橘红的、粉红的、深紫的海水，一条条地直溅到眼前。范柳原背靠着这堵墙给白流苏讲《诗经》上的那首诗：死生挈阔，与子相悦；执子之手，与子偕老。在这天地间，耳边是惊涛拍浪，近处的青灰色的海水汩汩地吞吐淡黄色的沙滩，一层层白色的泡沫涌上来。天也接近青灰色，远处才有一丝光亮。是暴风雨来临前的最后一份回光。流苏抵着墙站着，低着头。宏大的荒漠间，就只剩下他和她。

他们把彼此看得透明透亮。仅仅是一刹那的彻底地谅解，然而这一刹那够他们在一起和谐地活个十年八年。

他不过是一个自私的男子，她不过是一个自私的女人。在这兵荒马乱的时代，个人主义者是无处容身的，可是总有地方容得下一对平凡的夫妻。

后来的小女子，知道“死生挈阔，与子相悦；执子之手，与子偕老”这一句话，都是从张爱玲来的。对于她们，这是一句铮铮的爱情宣言，比地老天荒更让人信任。

那天实在没有找到墙，最后我背靠沙滩上的一棵树，海水一层一层地冲刷沙滩，脚下站久了，会现出两个汪水的坑来。我吹着海风，面朝大海，居然也有一点旷世之感。

那次在香港，其他地方都没有去。因为这一次就是奔着浅水湾来的。

之后，翻年到次年夏末，赶着夏天最后的阳光把运动鞋拿出来洗一洗。这双鞋还是上次去香港时穿的。闲置了一年，是该晒一晒了。我歪着头就着阳光抽鞋带，这时，我突然发现里面有些亮晶晶的东西，阳光下很夺目。我把手伸进去，指尖上带出的是一些细细的白沙子。

我又想起浅水湾寻找墙的经历。那天后来在沙滩上脱了鞋任性地来回走。

那时正是野火花茂盛的季节。它们一丛一丛地在任何一个可能的土壤里面生长。白天映衬着蓝天的湛蓝、海水的青蓝，它们艳得发紫。夜晚，隔着黑黑的夜，还是能感觉出那红色。

黑夜里，她看不出那红色，然后她直觉地知道它是红得不能再红了，红得不可收拾，一蓬蓬一蓬蓬的小花，窝在参天大树上，劈离剥落燃烧着，一路烧过去；把那紫蓝的天也熏红了。

那天我在没膝的海水里面走，脚下是细软的沙子。

可能就是这样，才带回了这些浅水湾的沙子。白色的沙子在阳光下发着夺目的光。我展开掌心，那些沙子静静地停在那里，反射着阳光。我一直盯着看，刺目的阳光让眼睛酸得流下泪来。

范柳原、白流苏、浅水湾酒店，还有那堵墙，一切都灰飞烟灭。

这就是浅水湾的故事。

后记（一）

当我写完这本书的文稿时，窗外已是秋意阑珊。站在阳台往下望，河边树林黄绿交替，层层蔓延开去。秋风过处，河面微澜，树叶摇曳，很有些荡漾生姿之势。

给人写传是一个痛苦的过程，特别是如果传主的一生还有很多磕碰。感同身受，有时候并不好受。我力求通过张爱玲身边的人，来还原一个张爱玲的生活世界。这是因为，但凡一个人与自己身边最亲的人相处时，都是毫无保留的原汁原味。从这些最本真的人和事上面，才能了解最真实的张爱玲。

张爱玲通过文字，给我们一个五彩斑斓、独特有味的世界。有时会听到有人说，她最好的成就只是在上海滩写出来的那几部作品，之后写不出什么好东西来。言语间很是不屑。其实，大多数伟大的作家，成名的、有代表性的作品不也就是那么一两部吗？张爱玲之所以给这些人钻了空子，全在于一直到临终前，她都还在孜孜不倦地写作。

毋庸置疑，她是一个伟大且勤奋的作家。单单是她笔下的那些爱恋、声色、光影，就值得我们研读若干年。我想，就算再过一百年，还是会有很多人喜欢她。在我们目前一年一淘汰的书业，这是怎样的一个奇迹？

一个女人，可能最让人津津乐道的还是她的婚姻和爱情。大家看张爱玲，也不忘记她的两段感情。当我写到她责问胡兰成不给她安稳时，我真的是替她心痛。为了爱情，哪个女人都可能拼掉性命。

写这本书时，有时候感觉文字无法写尽的感情，我就画了下来，作为另一个理解张爱玲的途径和窗口。

本书在策划和写作过程中，得到了许多同行的关怀与帮助，以及许多老师的大力支持，在此向以下人员致以诚挚的谢意：张力、谭平、张信兴、张秦川、陈黎明、周小舞、黄跃东、曾雪琼、陈娅文、唐菊红、付小燕、袁婷婷、李茜、曾薇、黄马荣、吴松、郭凤兰、唐雪芹、陈佳、张姚、王键、马天浩、李东贵、邱洋洋、杨姝、林晶、陈小佳、宋超、何力、易雪梅、周玲、王仙菊、陈俊丽和杨燕云。

最后，我要感谢我爱的人和爱我的人。感谢你们，让我拥有很多。真心地感谢你们包容我的一切，让我有一个幸福、快乐、健康的生活。再次感谢你们，拥抱你们，吻你们。一切的一切，都让我用更多的爱来爱你们。

后记（二）

我一直认为张爱玲文字的魅力可以穿越时间的无涯，陪伴我们更长的岁月。

现在市面上充斥着太多的所谓“作品”，其中不乏销量居多之辈。细读那些文字，无法承受经久的考验，常常昙花一现。然而，很少有人去关注结果，只在乎过程中各方的互赢。这样的作品多了，把读者的口味都败坏了。

我仍然觉得我们应该多读经典，读能穿越时间经过洗礼，在今天仍然有魅力的经典。张爱玲的文字就是这样。

泡一杯好茶，在闲静的暮色里，翻看一本好书。
读着读着，不知老之将至，真好！

PS：这本书一版以来一直受到读者的喜爱和支持，
在此，再次感谢大家！

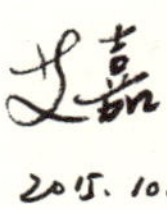

2015.10.

我们真诚回报

亲爱的读者朋友，首先感谢您阅读我社图书，请您在阅读完本书后填写以下信息。我社将长期开展“读石油版书，获亲情馈赠”活动，凡是关注我社图书并认真填写读者信息反馈卡的朋友都有机会获得亲情馈赠，我们将定期从信息反馈卡中评选出有价值的意见和建议，并为填写这些信息的读者朋友免费赠送一本好书。

您的资料

您的姓名：________ 性别：________ 出生年月：________ 电话：________

文化程度：________ 单位名称：________________________

通信地址：________________________________ 邮编：________

E-mail：________ 特别提示新老读者：您的资料是我们与您取得联系、反馈信息最重要的途径，请务必填写工整。如果您的联络方式发生了变化，请再次填写此卡并及时邮寄或传真到我社。

您的意见《张爱玲　她从海上来：民国人文温暖插画纪念版》(2—8)

问卷调查

1. 您购买本书的动因 ________________
2. 您购买本书通过哪种渠道 ________________
3. 您是如何知道本书的 ________________
4. 您认为本书最打动您的地方在哪里 ________________
5. 您一般在什么场所阅读本书 ________________
6. 您认为与市场同类书比起来，本书的优势 / 劣势在哪里 ________________
7. 您对本书的建议 ________________

我们的联系方式

联系地址：北京朝阳区安华西里三区 18 号楼 1103 室　艾嘉

邮编：100011　E-mail:freeflybb@126.com　网址：www.petropub.com